PENGUIN BOOKS

# A MACHYNLLETH TRIAD

Jan Morris is a member of the Gorsedd of Bards of the Welsh National Eisteddfod and an Honorary D.Litt. of the University of Wales. Her major study of Wales, *The Matter of Wales*, is published by Penguin. Among her other works are the *Pax Britannica* trilogy, on the rise and decline of the Victorian Empire, books about Venice, Oxford, Spain, Manhattan, Hong Kong and Sydney, six volumes of travel essays, two volumes of autobiography and a novel, *Last Letters from Hav* (Penguin, 1988), which was shortlisted for the Booker Prize in 1985.

The Welsh version of the text is by Jan Morris's youngest son, the coracler Twm Morys. He has published numerous articles in Welsh about most things. He is a strict-metre poet but sings in the rock band *Bob Delyn a'r Ebillion*.

TRI
PHRIF
DOY
chy mYg
ym
MACHY
NLLETH

Jan Morris

# A MACHYNLLETH TRIAD

# TRIAWD MACHYNLLETH

Twm Morys

PENGUIN BOOKS

PENGUIN BOOKS

Published by the Penguin Group
Penguin Books Ltd, 27 Wrights Lane, London W8 5TZ, England
Penguin Books USA Inc., 375 Hudson Street, New York, New York 10014, USA
Penguin Books Australia Ltd, Ringwood, Victoria, Australia
Penguin Books Canada Ltd, 10 Alcorn Avenue, Toronto, Ontario, Canada M4V 3B2
Penguin Books (NZ) Ltd, 182–190 Wairau Road, Auckland 10, New Zealand

Penguin Books Ltd, Registered Offices: Harmondsworth, Middlesex, England

The English text first published in a limited edition by Gwasg Gregynog Ltd 1993
First published together in English and Welsh by Viking 1994
Published in Penguin Books 1995
1 3 5 7 9 10 8 6 4 2

Printed in England by Clays Ltd, St Ives plc

# Contents/Cynnwys

*Three Chief Things*
*to Imagine in Machynlleth:*
*The Past*
*The Present*
*The Future*


*Y Tri Phrif*
*Ddychymyg ym Machynlleth:*
*Y Gorffennol*
*Y Presennol*
*Y Dyfodol*

# THE TRIAD

# Prologue

Seen from a satellite many miles above the earth, the highland mass of Wales looks like an oil smear, a brownish stain running from north to south of the country. It has its out-smudges and its subsidiary deposits, and it is relieved here and there by snatches of green, but for most of its length it is more or less unbroken. Its countryside is evidently wild and little inhabited, and only a few small towns show as isolated blobs among the high ground. At about 52·35 north, however, there can be seen a clear lateral passage through the hills. It starts among the plains of the English border; it ends on Cardigan Bay, Bae Aberteifi, at the coastline's most distinctive inlet, a slash in the shore like the hook of a tent-peg; and it offers an obviously easy way through the uplands, relatively flat and very short – less than fifty miles from one side of Wales to the other, from England to the sea.

This gap through the Cambrian mountains (hardly high enough to be called a pass, though during the First World War people thought it sufficiently daunting to deter the navigation of Zeppelins) has always been a key to the command and even the meaning of Wales. Inland it is formed by the headwaters of the river Severn, Afon Hafren, which flow eastward out of Wales into England. At the other end it becomes the estuary of the river Dyfi, which flows westward into the Irish Sea. In the middle a number of lesser streams run from the watershed one way and the other to ease its passage.

From ancient times a convenient ford over the Severn, near the present English border, meant that this highway was the quickest and simplest way to cross mid-Wales. Wandering tribes and ravaging forces travelled its tracks to the sea. The Romans paved half of it, enabling them to travel on more or less hard surfaces all the way from Rome to their station at Caersws, in the middle of Wales – almost as far west as the imperial road system could take them. As it happens the gap reaches Cardigan Bay almost exactly half-way up the coast of Wales, and so it long ago assumed an emblematic status as the central division of the nation. First it was a frontier between separate Welsh princedoms, later it became a boundary between Welsh geographical concepts that are almost philosophical abstractions – Y Gogledd and Y De, the North and the South. On the satellite picture the whole of Wales seems to be hunched around it, sheltering it from the sea with the twin peninsulas of Llŷn to the north, Pebidiog to the south.

One can travel this fateful route in less than an hour, if the traffic is not obstreperous, and its importance as a conduit is easy to recognize still. One starts perhaps at Montgomery, Trefaldwyn, a mile or two from that Severn ford. This elegant little town is just within Wales, but it was founded by Normans and remains quintessentially English: Georgian architecture, a castle on a hill, a priory church, comfortable inns, a flourishing Civic Society and not a murmur of the Welsh language. From this foothold down the centuries English ways and ideas have infiltrated Wales, and all along the road they show themselves.

The country is amiable. To the north is the severe mass of Cader Idris, to the south are the loveless wet wastes of Plynlimon, Pumlumon, but along the A493 it is mostly comfortable pastureland. Far into Wales along this inviting route of settlement reach the black-and-white houses of the English style, like the farms of pioneers venturing into tribal country – like ranchers in the American west, or white tobacco farmers in Zimbabwe. At Newtown, Y Drenewydd, the English started a market in the thirteenth century. At Aberhafesb is the grave of an officer killed in the service of the King of England, surmounted in marble by the sword, belt and busby of a regiment of hussars. At Carno is the factory of an internationally celebrated textile designer. There is a pub called the Mytton Arms, and another called the Merchant of Aleppo, and the Red Lion announces itself to be 'only thirty-nine and a half miles from the sea'. The name of the village of Clatter sounds like an Anglicization of something much older and more Welsh. Now and then a small blue-and-white train comes chundering by from Shrewsbury, and all the time the traffic throbs in and out of the English Midlands, the delivery trucks, the petrol tankers, the holiday cars with bobbing puppets in their windows and comic stickers on their boots. The road has been a road for several thousand years, and its sense of purposeful continuity is unmistakable.

At the point where the gap debouches into the Dyfi estuary, the river running away sinuously between tidal flats to the sea, in very ancient times some megalithic people erected a stone, perhaps with sacred or astronomical meaning, perhaps as a territorial marker. It is still standing, is called simply Maen Llwyd, the Grey or Sacred stone, weighs eleven tons and is the oldest object in the town of Machynlleth which is the allegorical subject of this book. Through the ages it has watched over the activities of the little market settlement around it, indestructibly asserting the significance of its site in the history of Wales.

Not that Machynlleth has ever been, or ever will be, a great city. The megalithic people lived here, the Welsh have been around for several thousand years, the Romans came and went, the Normans were here, but the town really came into existence in the thirteenth century under a charter from the English crown, by then sovereign in Wales. It was always a modest but busy place. Here our highway through the hills from the east met the coastal tracks, running north and south, and here small ships could sail up the estuary to collect the produce of the interior. The town grew up at the junction of its three roads, at the head of the tidal river, with its own little port of Derwen-las two miles downstream, and a crossing of the Dyfi a mile to the north – the lowest place a crossing was practicable.

Edward I's charter was granted in 1291 to Owain de la Pole, Lord of Powys, whose headquarters was at Welshpool, Y Trallwng near the English border. It authorized a weekly Wednesday market, and down the centuries the place generally prospered. It became the market town of a wide area, with fifteen annual fairs, and attracted all the craftsmen of the old rural economy – weavers, cobblers, printers, boat-builders, saddlers, tanners, wheelwrights, coopers, tailors. There was always a lawyer or two in Machynlleth, and doubtless often a harper. Lead, slate, hides, bark and oak poles were exported to other parts of Britain in vessels that were themselves built in Derwen-las (and to other parts of the world in the bigger ships that sailed from Aberdyfi, a few miles away at the mouth of the estuary). Flannels went by wagon and packtrain to Oswestry or Shrewsbury, sheep went in droves to London, and in the early nineteenth century the market-men were kept in refreshment by fourteen Machynlleth inns. By 1834 there was a mail-coach service from Shrewsbury; in 1862 the first train of the Newtown and Machynlleth Railway Company chuffed into town; from the thirteenth century to the twentieth, the Wednesday market that the King of England sanctioned has uninterruptedly continued.

The name of Machynlleth is supposed by some to come from a Roman name, Maglona, and by others to be a corruption of Maen Llwyd, but was really almost certainly derived from Maes Cynllaith, the Field of Cynllaith. Unlike many another Welsh place-name, it was never officially replaced by an Anglicized version, but it proved always a tongue-twister to outsiders, and achieved widely varying orthographies (Maghentleyt, Mathanleth, Machenthlieth) and brave pronunciations (Matchenlett or Machineleath). In any case it was one of the best-known names in Wales. Machynlleth was always a junction and a meeting-place, and at its ford over the Dyfi Wales divided. Here the medieval princedoms of Gwynedd, Powys and Deheubarth met, and the forces of the north looked across the river at the armies of the south. Here the devotees of St Garmon yielded to the cultists of St Padarn. At Machynlleth at one time or another met the commotes of Cyfeiliog, Genau'r-glyn and Ystumanner, the *gwledydd* of Meirionnydd, Powys Wenwynwyn and Penweddig, the counties of Merioneth, Cardiganshire and Montgomeryshire, the jurisdiction of three bishoprics – Bangor, St Asaph and St David. Every campaigning army passed this way, and nearly every eminent traveller too, from Henry VII riding to Bosworth in 1485 to George Borrow writing *Wild Wales* in 1854, or the

heir to the English throne on his way to his investiture as
Prince of Wales in 1911.

Through it all Machynlleth, though always so open to
foreign influences, remained consistently Welsh, and offered
many reflections of Welshness as a whole. Its rural crafts
faded with the coming of the railways. Its last ships sailed.
Its chapels rose to supremacy, and declined. Its squirearchy
seemed unassailable, and presently disappeared. Its soldiers
went to war. Thousands of English settlers came, bringing
their tastes and language with them, and the full fury of
Anglo-American consumerism was unleashed upon the
place. Yet in essentials Machynlleth remained much as it
always was, setting up its market stalls each Wednesday
morning, through rain and sun, peace and war, in the wide
main street whose name, Heol Maen-gwyn, Street of the
White Stone, honoured still that old presiding megalith.

The flavour of modern Machynlleth seems to me at once
especially permanent, and especially detached. The topogra-
pher Samuel Lewis, visiting the town in the nineteenth
century, remarked upon its *regularity*, and it certainly has
an air of consistent self-control – or calculation. It seems to
stand there beside its river thoughtfully, perhaps a little
cynically, watching the world go by: just the place, if one
wishes to explore the character of Wales itself, to contem-
plate with all the liberty of the imagination, and in the
Triadic form the old Welsh sages loved, those three land-
scapes of the human condition, the past, the present and the
future.

# I

# THE PAST:
# Y GORFFENNOL

*In the early years of the fifteenth century
Machynlleth is host to Owain Glyndŵr's Welsh
Parliament, and the scene of his coronation*

# The Past: Y Gorffennol

Imagine the condition of Wales around the start of the fifteenth century, in the reign of the English Henry IV. It is like a travesty of medievalism. Serfs, barons, plagues, hangings, dynastic feuds, superstitions, wars and oppressions, awful poverty, miserable rutted roads, cesspits, wolves, bishops, smallpox, illiteracy, inexplicable distempers, bogs, bear-baitings, hovels, incest, castles, prophecies, wizards, chimeras, monks, vagabonds, poets, saints, fairies, charlatans, usurping noblemen, mad dogs, fairs, harpers, trackless oak forests, alcoholism, harlots, bandits, fishermen, dungheaps, peasant merriment, patrician grandeur, greyhounds, lepers, flags, heretics, horses, kings and princes – in this small country every stereotypical image of the Middle Ages flourishes or festers.

The currents of despair that swirl among these confusions are mostly endemic to all Europe in the age of the Black Death and the French wars – even the Papacy is in a state of schism, with a Pope at Rome and another at Avignon. One passion however is particular to Wales. It is the bitter resentment of the mass of the Welsh people against the English who have been their overlords for two hundred years.

> Och hyd atat ti, Dduw, na ddaw – môr dros dir!
> Pa beth y'n gedir i ohiriaw?
> O God, why does not the sea cover the land?
> Why are we left to linger?

This was the tremendous cry of Gruffydd ab yr Ynad Coch when the last prince of independent Wales was killed by the English, his head to be stuck on a pike outside the Tower of London. For five centuries after the withdrawal of the Romans the Welsh maintained their Christian liberties, sustained by their own rulers, laws, church, language and traditions, while England fell to the heathen Saxon. But the Normans, having conquered England, soon penetrated Wales too, and Welsh sovereignty came to an end with the death of Llywelyn ap Gruffydd of Gwynedd, *Ein Llyw Olaf*, Our Last Leader, in the *annus miserabilis* of the national history, 1282. Since then Wales has been in a state of fluctuating subjection, animated by mingled grudge and opportunism. Part of it – the Principality – the Kings of England rule directly, their eldest sons being proclaimed titular Princes of Wales. Part – the Marches – they govern indirectly through the agency of client nobles, almost princes themselves, most of them Englishmen of Norman lineage, some Welsh patricians (like Owain de la Pole, *né* ap Gruffydd ap Gwenwynwyn) who have adopted English styles and loyalties.

Innumerable ambivalences complicate the relationship between Welsh and English. These are neighbours and sometimes friends, as well as old enemies. Among the gentry many Welsh families have intermarried with the English, and many poorer Welshmen migrate to England to better themselves. Welsh students go to Oxford, there being no university in Wales. Welsh administrators serve the English Crown. Welsh soldiers have fought for the English in their innumerable wars against the Scots, the Irish and the French. Welsh people of stature are deeply embroiled in the internal affairs of England – many fervently support the deposed

Plantaganet dynasty against the pretensions of the usurping Lancastrian, Henry IV.

On the other hand cruel racial laws keep the Welsh firmly subordinate to the Crown. In the castle towns established by the English across the country, centres of their power and commerce, Welshmen are generally forbidden to settle. In the boroughs their rights are severely limited. The bishops in Wales are mostly Englishmen, more often than not unable to speak a word of the Welsh language. English sheriffs and burgesses dominate the administration, and inexorably the old Welsh laws, with their emphasis on tribal values, are being replaced by the laws of the English. All over Wales, in diverse ways, Welshmen are relegated to the role of a subject people.

In some ways it is much like society in many another occupied country, in many a century to come. There is the black and white of enmity, but there are grey areas in between. Few Welshmen do not bear, in their hearts, a grudge against the English; few Englishmen can accept the Welsh, however bred to English ways, as quite the real thing. The old quarrel, at once uniting and dividing the two peoples, creeps into every intercourse, so that neither side is quite natural, or quite frank, in the presence of the other: and stirring always in the land, sometimes quiescent for generations, sometimes frighteningly alive, is the possibility of a Welsh rising.

Machynlleth is now entering the second century of its existence, and as always it is a junction of powers and influences. Here the lordship of Powys, once a great Welsh princedom, now a Marcher fiefdom, reaches through that gap in the mountains to the sea, and controls the town itself. Immediately north and south, however, are the counties of King Henry's direct domains – Merionethshire one way, Cardiganshire the other. At the same time many Welsh landowners of ancient family, *uchelwyr*, great men, are influential still in the countryside around, with powerful hereditary claims to loyalty, and a more direct hold over their serfs and tenants than any Anglo-Norman overlord. Society is volatile. Every hint of change in Wales, every rumour of trouble, whispers its way into Machynlleth; along the town's three highways, to the north, to the south and to the east, the nervous energy of the nation passes.

Yet arriving at Machynlleth out of its wooded hills is like arriving at an oasis, or a haven. On its sheltered green plateau beside the river, the place has an air of safety very welcome to the medieval traveller. Outcrops of high ground command the town. On the hill to the north, Gallt y Gog, the tumbled fortifications of the Stone Age people are still useful works of defence. On Yr Wylfa, the Watchplace, to the south, the remains of a Roman fort make a strongpoint still, and a few miles downstream another Roman work guards the estuary. Amidst all the squalors and dangers of medievalism people feel instinctively safe in Machynlleth – even the irrepressible Vikings never came up this river, and the town prospers by its security. The Wednesday market draws buyers and sellers from many miles around, the inns and taverns are famous. The streets are lively always with Welsh mule and wagon trains arriving on the coastal roads, English traders and functionaries coming from Newtown, Montgomery, Welshpool and Amwythig over the border – Shrewsbury to the English.

At one end of town the Maen Llwyd stands undisturbed

on its tufty common, a holy object still after so many years
of Christianity. At the other end of town the parish church
of St Peter stands within the circular enclosure of a vanished
Celtic church, long ago associated with the cult of St Cybi.
Between these two shrines the little market town compactly
huddles, home to no more than a couple of hundred people,
but always busy with visitors and travellers. Beside the wide
and muddy main thoroughfare, Heol Maen-gwyn, two
white quartz boulders stand as talismans: the street runs
westward from the common and is lined with houses and
shops, some thatched, some tiled, some built of rough uncut
stones, some of mud and wattle, and one at least, Tŷ Mawr
half-way down the street, grand enough to have two floors,
glass windows and a stable yard. A market cross marks the
junction of Heol Maen-gwyn with the coastal roads, which
run away southward to the river quays of Derwen-las,
northward to the ford over the Dyfi, the most famous river
crossing in Wales.

On the ground Machynlleth has its fair share of the
contemporary miseries, open drains and mangy dogs, smells,
poverty, ignorance, dirt and disease. From the surrounding
hills, though, especially on a market day, it looks almost
like an exhibition town, set there so organically at the head
of its estuary: the highways meeting at the crux of the place,
the stalls and awnings of the market, the flood meadows
vividly green on the edge of the town, the masts of the ships
beside the quay. Smoke rises grey-blue above the rooftops,
there is a clanging of hammers perhaps, the glow of a forge
somewhere, shouts of hawkers or clatter of hoofs, the
mumble of voices bartering, haggling, gossipping and com-
plaining. All around the mountains rise bare on their sum-
mits, dark with oaks below, and the river runs away,

between its marshy fields, in narrow loops towards the ocean out of sight.

The times are tough (all Europe is in terrible trouble) but still Machynlleth swarms with people. There are the farming people of course, bringing their sheep, cattle, wood and hides to market. There are miners from the lead-workings of the uplands, and seamen from the ships in the estuary. Monks appear from the great inland monasteries of the Cistercians. There are smiths, weavers, cobblers. There is Master Ieuan, the priest of St Peter's. The Welsh gentry of the neighbourhood, the *uchelwyr* of Dolguog or Mathafarn, often have business in the town, and sometimes there arrives in state a representative of the Lord of Powys, or even of Henry IV himself – for if Machynlleth is entering the second century of its existence, it is also entering its second century of English sovereignty.

Embedded in the ethos of this practical place are traditions reaching far back into the past – the private inheritance, as it were, of the Welsh, from which the English are excluded. The Welsh language itself, Cymraeg, is a sufficient mystery to nearly all Englishmen, but it is reinforced by much lesser esoterica. There are conjurors here to heal the sick, holy fools, mendicant seers, and the Christianity even of Master Ieuan is coloured by arcane attitudes of the lost Celtic church. Many pilgrims make the journey over Cardigan Bay to Bardsey Island, Ynys Enlli, so holy a destination that the Vatican has decreed three pilgrimages there worth one to Rome itself; but many more take the harsh way over the mountains to the village of Llandderfel, where a magical image of Derfel the Anchorite moves its eyes and arms, and has the power to transfer spirits from hell to heaven. The hills around Machynlleth are scattered with curative wells, springs, trees, rocks and streams – this one to cure eye diseases, this one for infantile complaints, one for animals, another a cursing well. Passers-by touch the quartz stones of Heol Maen-gwyn as protection against the evils of the road, and on the common one may often see bowed solitary figures pressing their lips in appeal against the sweet-smelling granite of the Maen Llwyd.

The local *uchelwyr* bear themselves like nobility still, after two centuries of national humiliation, treating their tenantry as their *teulu*, their family, their household servants as their *plaid*, their war-band, and attended by huntsmen, seneschals and fulsome bards. Patriots remember the heroic days of defiance, when the pagan Saxons were kept at bay: was it not at Dolguog up the road that the legendary Llywarch Hen, having lost twenty-six of his own sons in battle against the heathen, retired to write his immortal verse? More intoxicatingly still, the prophets and the bards speak of glories yet to come, when a national champion will arise once more to drive the English from the land, restore the law and the language to their supremacies, and create a sovereign Wales.

For generations this vatic intuition was linked to the legend of King Arthur, the once and future king, whom the poets honoured as a champion of the Welsh. Later it became associated with the name Owain, or Owen. Sometime, somewhere, a man called Owain would arise among the Welsh to prove himself Mab Darogan, the Son of Prophecy. There were some false starts. Owain ap Gruffydd, Prince of Gwynedd, was a great leader and a proud Welshman, but accepted vassaldom under Henry II of England. Owain Lawgoch, the celebrated mercenary Owen of the Red Hand, claimed the throne of Wales from his exile in France, but got no closer to achieving it than an invasion of the Channel Islands. Now, as the fourteenth century closes, and as the upstart King of England establishes himself as suzerain of Wales, another and still more formidable Owain has appeared: Owain Glyndŵr of Sycharth, in the estate called Cynllaith Owain near the English border, who has risen in rebellion against the Crown, declares himself the only rightful Prince of Wales, and is hailed in his turn as the nation's saviour. This Owain is no mere adventurer. He is a powerful landowner, and descended as he is from princes both of the north and the south, really is the best living claimant to a throne of all Wales.

At first the insurrection happens far from Machynlleth. This is not one of the English royal boroughs of Wales. There is no English sheriff here, no English garrison or castle, and the people are left to decide their own loyalties. A few wild boys slip out of town to join the rebels. Some headily subversive poesy is declaimed in the inns. Fewer travellers reach the town, fewer farmers and drovers come to market. Otherwise, in the first months of the rebellion, life proceeds much as always. Only suggestions drift about: of guerrilla skirmishes in the mountains, of revengeful English armies on the march, of French ships and Scottish fighting men arriving to support the rebellion, of harsh new laws imposed by the Crown in retribution, of towns and monasteries sacked, of famous families across Wales divided in their loyalties.

Week by week, though, the war grows closer. Sometimes lean and tattered Welsh guerrillas appear briefly on Heol Maen-gwyn, stocking up with food and supplies before disappearing again into the forests. Sometimes English cavalry-

men ride through. Now the town is riddled with specula-
tion and suspicion. Who is for Glyndŵr, who for the
Crown? Where does Dolguog stand, or Mathafarn? What
does Master Ieuan think? There is a news of a smashing
Welsh victory at Pilleth, near the English border – and
another in the Plynlimon massif, less than ten miles from
Machynlleth – and Montgomery, they say, has been sacked
and burnt to the ground – and then the castle at Aberyst-
wyth, down the coast, falls to Glyndŵr's men – and finally
the supreme coastal fortress of Harlech, twenty-five miles to
the north, is captured by Owain and becomes the trium-
phant seat of his court. By the year 1404 most of the
country is in Welsh hands; and one day that spring the Son
of Prophecy makes his appearance in Machynlleth itself,
wonderfully concentrating its convictions, and giving the
town its first claim to the attention of history.

His soldiers precede him. First the heralds and the advance
guards gallop in, and then there swarm into town, with
their horses and their dogs, their crested banners, the cano-
pied wagons of their commanders, the clanking of their
weaponry, their smells of sweat and smoke and leather, cat-
calling the girls, crowding the taverns, shouting and singing
and blowing horns – gypsy-like there swarm into Machyn-
lleth Plant Owain, Owain's Children, the *corps d'élite* of the
ragtag Welsh irregulars who have, in three years of cam-
paigning, driven English authority out of most of Wales.
They bring momentous news to the town. Owain is recreat-
ing his country as a modern nation-state. He already has an
army, a court, a treasury: now he is to hold his first
national parliament here beside the Dyfi, where the north of
Wales meets the south, and all traditions overlap. The

tavern bards are beside themselves. As they knowingly remind us, Machynlleth means the Field of Cynllaith: surely a Welsh assembly here, summoned by a prince from Cynllaith Owain, can only be the proper and ultimate fulfilment of prophecy.

What frenzy we may imagine! The town is overwhelmed by the arrival of the army, by the battle-worn grandeur of its leaders and by the significance of the occasion. The Wednesday market is all but lost in the *mélange*. The ambitious foresee preferment, the cautious retribution, the greedy scent profit, the feckless, entertainment. Mothers fear for their daughters. The rector contemplates the effect upon public morality. The country gentry weigh up more urgently than ever the chances of success or ignominy. Everywhere the soldiers ensconce themselves, pitching their shacks and canvas shelters on the flood meadows, requisitioning houses, rooms and stables, stretching themselves out on the trestle tables of inns. The streets are churned up by hoofs and wagon wheels, and stink of horse, beer and excrement. At night the town is loud with carousal and ablaze with wavering torches. On the hills above, at the river crossing, downstream at the old Roman fort, beside the quay at Derwen-las, the fires of the sentries burn through the dark. And on the fifth day the Prince arrives.

He comes on a gusty drizzly morning by sea from Harlech, and Machynlleth goes down to the river bank to greet him. Trumpets call to each other upstream from Aberdyfi, from side to side of the river. On every vantage point, above every curve of the stream, sentinels stand to their arms. With a measured sweep of oars the two small and battered ships of the princely flotilla appear around the last bend, flying at their mast-heads (the one splash of colour about them) Owain's newly adopted emblem, the Dragon of Wales. Their decks are jammed with armed men, and at the prow of the first vessel, heavily cloaked and helmeted, Owain Glyndŵr himself stands like a figurehead – arms folded, legs apart, unsmiling, his great sword at his side, the conscious image of a man of destiny.

All Machynlleth's worthies and their wives are there upon the quay, to kiss the ring, bow and curtsy to the presence. Owain all but brushes them aside. He is still more a guerrilla general than a prince. The moment he steps ashore a bristling bodyguard of toughs surrounds him, and mounting a black horse he swiftly rides, followed by a jostle of courtiers, soldiers and fussing citizens, along the puddled track to the market cross, up the main street to the common land at the eastern end of the town: and there, dismounting in the blustering rain, removing his plumed helmet and crossing himself, he falls on his knees before the Maen Llwyd and embraces its lichened stone, like countless generations of Welsh supplicants before him.

Wherever Owain goes in Machynlleth, those ruffian guards surround him, keeping the wondering crowds away. They move very fast always, very stormily, hustling him here and there, shouting sometimes to get people out of the way, threatening sluggards with staves or swords. A sense of urgent drama attends the prince. If he goes by foot, he moves almost at a run, his bodyguard jogging close on either side. If he enters a house he and his men burst through its doors as though in street fighting, and when he gives an order one hears his voice staccato above the hubbub. He is never still, never alone, and is trailed always by his commanders and his officials, and hemmed in by those ruthless irregulars.

He is in his late forties, experienced and assured. He has been educated in London. He has fought for the Kings of England in their Scottish wars. He has lived the life of a substantial and cultivated Welsh landowner on his estate at Sycharth, with its private chapel, its guest house, its mill, dovecote, fish pond, deer park and heronry –

> *Anfynych iawn fu yno*
> (the poet Iolo Goch has written)
> *Weled na chlicied na chlo . . .*
> *Ni bydd eisiau budd oseb,*
> *Na gwall, na newyn, na gwarth,*
> *Na syched fyth yn Sycharth.*
> *Gorau Cymro tro trylew*
> *Biau'r wlad . . .*

> Seldom was ever seen there
> A latch or a lock . . .
> No shortage of lavish gifts,
> No need, no hunger, no shame,
> No one is thirsty at Sycharth.
> The best Welshman, valiant man,
> Owns this land . . .

These urbanities Glyndŵr has sacrificed to fight four years of bitter war, ranging all across Wales, financed largely by the pillaging of uncooperative communities, and leaving everywhere the ravages of battle. Wherever he has been there are fire-blackened ruins, spoiled crops, cripples and mourners. The monasteries of Cwm Hir and Ystrad Fflur have both been sacked, one by the English, one by the Welsh. Some parts of the country have been so devastated that they will not recover for generations. Yet Glyndŵr is exalted by his sense of mission, by the almost religious support of the common people, and by the furious loyalty of his partisans. Those commandos of his bodyguard would willingly die for him, and flanked by them he moves through the town, with that breakneck energy of his, as though insulated against fate. He is a wiry man, fork-bearded, with the spikiness of face that often comes with aristocratic Welsh blood. He is dressed as a fighting general, leathery, jerkined, cross-belted, breeched, and whether he is on horseback or on foot, he looks around him elevated, unsmiling, not unlike an icon in some ceremony.

Englishmen who see him (and there are a few in Machynlleth) tend to think of him as part traitor, part charlatan – rather as a later English generation will view the Irish patriot Roger Casement. They know that in one half of his person he is more or less an English gentleman. He had many friends at the court of the late Richard II, and when he speaks English it is in a well-bred, cultivated accent. They know that he can, if he wishes, behave with just the same manners, making the same jokes, professing many of the same prejudices, as his Anglo-Norman neighbours of the Marches. They find it hard to think of him as a foreigner exactly, and when he speaks in Welsh, or bears himself in this peculiarly Welsh style, half-mystic, half-bravo, they see him as striking a pose. He is a decent enough fellow, they tend to think, in his English persona: in his Welsh, he is a tedious mixture of showiness, conceit and skimble-skamble.

To most of the Welsh, on the other hand, he is Welshness incarnate, and his command of English manners, his friendships at the court of the Plantaganets, only make him more prince-like – far more truly royal than the jumped-up Henry IV who is now his enemy. Is he not descended directly from Madog ap Maredudd, King of Powys? Has he not maintained at Sycharth all the values most admired among the old Welsh patricians – the easy hospitality, the patronage of the arts, the love of wine, good food and company? Some people say that he is more than royal, but actually supernatural. On the day of his birth his father's horses were found up to their fetlocks in blood. In the year of his great victory at Pilleth a comet streaked in ominous splendour across Wales. He can control the weather, it is said. He is in league with soothsayers. The Machynlleth crowds do not cheer or clap as Owain storms by: they stand in silent awe.

Tŷ Mawr has been requisitioned as Owain's chancery. Outside the house the princely standards flutter – Owain's own lions on one side, the Welsh Dragon on the other. In the courtyard cavalry is picketed. At the gate are heavily armed sentries, swathed in mail and leather. All day long a fascinated crowd, kept to the opposite side of Heol Maengwyn, watches the activity. Clerks with satchels or files of paper come and go. Couriers clatter in, grimed with mud and dust, their horses lathered, to be met by grooms and hurried indoors. Master Ieuan diffidently sidles in and out; varied *uchelwyr* thoughtfully appear. A delegation of merchants wants reassurances about next Wednesday's market. Streams of applicants, weeping women, legless men, orphans, dispossessed farmers, swaggering macho volunteers, present themselves at the gate and are sent smartly away.

Now and then the members of Owain's court appear portentously at the door, to send a ripple of recognition or speculation among the watching townspeople. They are a powerful but peculiar company. There are commanders of colourful repute: Rhys Ddu, Black Rhys of Aberteifi, nick-named The Fierce, or Dafydd Llygaid Brith, Dafydd of the Speckled Eyes, or the masterly Rhys Gethin, victor of Pilleth. There are the learned clerics of Owain's political cabinet: Dr Gruffydd Yonge his grizzled Chancellor, John Trefor, Bishop of St Asaph, Lewis Byford, Bishop of Bangor. There are members of his family: his brother Tudur, who has submitted to the English once, but is back again; his brother-in-law John Harmer, English by origin but furiously Welsh by sympathy; his sly son-in-law Edmund Mortimer, once one of the greatest of the Marcher Lords, who having been captured in battle has switched allegiances and married the prince's daughter. Iolo Goch the aged poet appears once or twice. And there is the mysterious Crach Ffinant, 'The Scab', Owain's seer and prophet – his guru perhaps, who looks less like a courtier than a wandering dervish, dirty, dressed in a frayed brown habit, thickly bearded, stooped and hefty of shoulder. Whenever this strange figure appears a dark murmur runs around the crowd, and even the guards shift their feet awkwardly: though the Scab's loyalties are by no means certain (he has once begged the King's clemency, too), people notice that in his disquieting presence even Owain himself loses his air of infinite command.

At the doorway once Crach almost collides with Master Ieuan, and the poor priest flattens himself against the doorway to let him pass. Once a half-crazed woman bursts through the cordon, runs across the road and throws herself at the Scab's feet, clutching his grubby robes: the guards drag her away, and the seer shakes himself, like a dog shaking water from its coat.

\*

Now the delegates arrive. Representatives of all the nobles and commons of Wales have been summoned to Machyn- lleth for the parliament – four from each commote. Owain is doubtless remembering the assembly that Hywel Dda, Hywel the Good, called at Hendy Gwyn, Whitland in Dyfed, five centuries before, when the elders of all Wales met to codify the laws of the country, and thereby define an identity for it. Since then the Welsh have experienced their periods of unity, their periods of dissension, their victories and their abasements, but they have never again had a parliament of their own.

A parliament will be more than just an expression of princely condescension. In England the House of Commons is an increasingly important institution of State, and in Wales too the existence of a public legislature, drawn from the entire nation, will be a sign of maturity and modernity. One by one the delegates arrive, travel-worn from their long and often dangerous journeys – along awful tracks, across roadless mountains, or actually through enemy lines. Some come with a couple of companions, some with a train of armed followers, one or two bring their wives, and soon all the dialects of the Welsh language are to be heard in the Machynlleth streets. Men from Gwynedd cautiously eye men from Glamorgan, Powys ponies are stabled beside Dyfed cobs. Physically there is nothing homogenous to this cross-section of a nation. There are tall dark men from the north, and men with ginger hair and blue eyes like Vikings, and men with hawk-like Celtic faces, and men with long heads and high cheekbones who might claim descent from the Neolithic peoples themselves. Wales is a congeries of types and kinds, and this might be the assembly of a continent, rather than the parliament of a nation of 150,000 souls, inhabiting 8,000 square miles of disputed territory. More dramatically than ever, Machynlleth is fulfilling its destiny as a meeting-place.

There is to this occasion, though, an inescapable undercurrent of doubt or gamble. For the moment Owain is prince of all Wales – but for how long? Everyone is aware that even in the Welshest parts of the country there are people sympathetic to the English cause. Who knows how many are in Machynlleth, or how readily those fawning crowds outside Tŷ Mawr will change their tune if King Henry's troopers come back to town? The atmosphere is strangely charged, in the days before the parliament is due to assemble, and it hardly comes as a surprise when, early one evening, Machynlleth experiences an incident of melodrama.

By now the people are used to the arrival of remarkable men, but presently a delegate rides in from the east, attended by formidable Gwent bowmen, who is unusual even in that company of originals. He is a small, tough, red-haired man with a violent squint. Crookedly he sits his saddle as he enters the town, his heavy shoulders slumped: but his face is extremely clever, his eyes are watchful, and it is noted that he exacts instant obedience from his towering archers. As he rides past Maen Llwyd in the dusk the spectators recognize at once that his is a temperament not to be crossed, and there are a few who realize who he is – Dafydd ap Llywelyn ap Hywel of Brycheiniog, Dafydd Gam, Squint-eyed Davy, a famous soldier, a murderer, a great force in his own country, and at heart, so many say, a King's man, loyal to the Lancastrian Crown of England.

Two of Glyndŵr's troopers canter up the street to greet

him, bowing in their saddles, and turning to escort him to Tŷ Mawr. There is something chill to their welcome, though. No words are exchanged, and a frisson runs through the town as the little company rides steadily down the main street. Women peer in silence from their windows. Men watch from tavern doors. Nobody speaks, and Davy Gam looks from right to left in arrogant confidence. They reach the door of Tŷ Mawr; the guards salute; grooms hasten from the yard to help Davy from his horse; his bodyguard dismounts; but before they have even reached the threshold a dozen of Glyndŵr's toughs rush from the yard behind, seize Davy and his men, pinion their arms and frog-march them through the door and out of sight. Half a dozen small boys dart away to spread the story, and before night falls all Machynlleth knows that Davy Gam of Brycheiniog is Owain Glyndŵr's prisoner.

Next time he is seen, late that same night, he is stumbling down the road manacled and bruised around the face, hustled through the darkness by guards with flaming torches. They take him to a big stone house beside the market cross, where the roads meet, and there they shut him up, out of sight but never out of the popular mind. The word is that he has come to Machynlleth with a plan to assassinate Owain in the King's cause, but that the prince has been forewarned. A macabre fascination attends his prison. Clusters of people loiter around its doors, wondering at Davy's sinister presence somewhere inside it, and hoping for a glimpse of his wall-eyed face through a barred window. It is said in the taverns that Glyndŵr has sworn one day to wipe Dafydd Gam's inheritance from map and memory, and a bitter verse is quoted that the prince is said to have extemporized over dinner:

## The Past

If you meet a small red man
Asking where his house is,
Tell him it is under the earth,
And covered with ashes . . .

The affair casts a chill through Machynlleth, but a respectful chill. The foreknowledge, the swift execution, the sudden incarceration in that heavy cold building in the heart of the town, death as it were in the midst of life – there is something eerily pre-ordained about it all that seems to confirm Owain's mysterious powers. People remember with a shudder the last time somebody tried to murder the prince. At Plas Nannau, on the far side of Cader Idris, his cousin Hywel Sele once invited him to go hunting in the demesne, but drawing a bow ostensibly upon a deer suddenly turned it upon Owain. Before he had time to shoot, in that very second a volley of arrows fell upon Hywel himself, from Owain's bodyguards hidden in the forest around; and they stuffed the traitor's bloody body in the trunk of a tree, and left it there to rot.

Glyndŵr sees his Wales as a full and equal European power. He has already sent his envoys to treat with the Kings of France, Spain and Scotland, and now the plenipotentiaries of those monarchs come with proper pomp to observe the parliament of Wales. Their interest in Welsh sovereignty is largely an interest in the humiliation of England, and they arrive on a discouraging day of rain, but the elaborate courtesy of their manners is a sight to see. In convoy their three ships (far more splendid than Owain's weather-beaten craft) are rowed stately up the river to Derwen-las, high castles bristling with men-at-arms, square sails emblazoned with the lions of France and Scotland, the crowns of Spain. At the quayside they are welcomed with drums and trumpets, and present themselves to the prince, still in his battle dress, with graceful flutterings of plumes, sweepings of cloaks and exchanges of courtly compliments – a visitation of the European chivalry upon the rough coast of Wales.

For the next few days these exotic envoys and their aides bedazzle Machynlleth. Never before has the town seen such splendours of velvet, silks, feathers and embroideries – the very colours of their liveries are an amazement, splashed against the sombre greens and greys of the Dyfi valley. The people watch them as they might watch a pack of gorgeous wild animals, and in return they pick their way fastidiously through the mud and water, wrap themselves against the rain, with impeccable condescension. Each night the lights burn late in Tŷ Mawr, as Glyndŵr and his councillors discuss with the plenipotentiaries his plans for Wales, its relationship with England and with Europe, its future as a sovereign State.

All now is movement, energy, rumour and wonder in the little town. Here and there the pavilions of the great men arise, and there is much traffic between them, and much exchanging of hospitality. At night the campfires blaze all over the flood-meadows, and long after dark one can still hear the challenges of the sentries at the ford, as yet another group of horsemen comes slithering down the slippery road from Corris and the north. Ships arrive too, bringing men from the coastal villages, and once a longboat from a French warship comes up the river with a dispatch for the French envoy. Its crew, given a night ashore and welcomed as allies, get extremely drunk and sing lewd Breton songs into the small hours.

\*

If it all sounds curiously familiar to Welsh ears nearly six hundred years later, that is because there is to the spirit of this assembly something very like the spirit of a great Eisteddfod. The mood is at once purposeful, celebratory and suspicious. Many rivalries are at large – old friends and enemies meet each other on every corner. Much drink is drunk. Much music is played. Many songs are sung. Crowds listen respectfully to the metres of the wandering poets, or roar with laughter at their scurrilities. Soldiers are everywhere, and horses, and tents, and the streets grow ever more rutted, and the house-fronts are spattered with mud. Glyndŵr's commanders bear themselves like victors, and everything is subtly spiced with danger: the King of England's troops are certainly within forty miles of Machynlleth, his ships might well be beating up the coast, and almost anyone may be a spy or a traitor.

And when the moment of climax comes, like the chairing of a bard at an Eisteddfod, it is a climax not only for Owain himself, and for the town of Machynlleth, but for all Wales. It is a triumph in itself, to hold a national assembly at so allegorical a site, in circumstances of such daring. No building in the town is large enough for the parliament: instead it meets on the wide common around the Maen Llwyd, looking down a gentle slope to the town below. On every height around the pickets are posted. Cavalry patrols range far up the road towards Montgomery. Beyond the estuary warships watchfully lie. Five thousand souls at least are assembled on the common, the streets of the town are deserted, when at ten in the morning on the appointed day the long horns of the heralds announce the convening of the Parliament of Wales.

*

It is a morning of fragile sunshine – one of those Welsh days that are too brilliant for their own good. The hills look crisp and definite, the oak forests profoundly green. Owain's high-backed oaken throne stands before the Maen Llwyd, and an open circle surrounds it: even the prince's closest councillors and lieutenants, even the foreign envoys, are kept at a distance. Owain sits there all alone, in the shadow of the holy megalith.

He has thrown off his battle-gear at last, and is dressed like a monarch of ceremony, in a black cloak lined with ermine, a dagger at his waist. Facing him around the circle are his clerics in full canonicals, his officers armoured and helmeted, his bards in white gowns and headbands. In a place of honour stand the Frenchmen, the Spaniards and the Scots, with brand-new ensigns, fashionable beards and their own glittering men-at-arms. In a place of dishonour Dafydd Gam is on display, knocked about still, chained around the ankles and loomed over by a pair of hefty gaolers. Behind the privileged ranks the parliamentary delegates are ranged. Behind them again press the townspeople and the raggle-taggle soldiery, and away at the edges of the wide common a few hucksters have set up food stalls, offering chunks of grilled venison, and haunted by ragamuffin children, drunks, poets and lepers.

Gruffydd Yonge reads out the roster of delegates. One by one the men of the commotes stand to declare their presence, in accents that range from the classically pure to the crudity of rural vernaculars that almost nobody can understand. The Bishop of Bangor gives a blessing; the horns blare again; and when the assembly is required to swear its oath of loyalty to Owain Glyndŵr, Prince of Wales, and to him alone as sovereign ruler of the nation, a mighty prolonged shout echoes around the hills and eddies down to the estuary. '*A oes undod?*' rhetorically demands the prince then – 'Is there unity?' – and as one the crowd deafeningly responds '*Undod!*' At the start of the rising Glyndŵr and his supporters had been contemptuously characterized at Westminster as 'Bare-legged Welsh dogs': the Maen Llwyd Parliament will demonstrate that this is no primitive rabble, but a people that understands modern usages of government and hierarchy, and can discipline itself into sovereignty.

Now Glyndŵr, rising to his feet, presents in a grave and courteous voice, to his Parliament and to his people, his proposals for the future of Wales – a Speech from the Throne. There will be a military alliance with France: French warships are already patrolling the Welsh coast on Glyndŵr's behalf, and soon French troops will be arriving too. There will be close and warm relations with the Kings of Spain and of Scotland. Pope Benedict XIII at Avignon will be asked to authorize the autonomy of the Welsh Church, making it for ever independent of Canterbury with its allegiance to Innocent VII at Rome. Glyndŵr hopes for the help of powerful revolutionaries in England, notably the anti-Lancastrian Percy family of Northumberland, to settle a permanent frontier between Wales and England, roughly along the line of the Severn. Wales itself will be a modern unitary State. Welsh law will be restored in its entirety, Welsh land rights will be resumed, there will be two Welsh universities and the Welsh language will of course be supreme.

The crowd receives all this in reverent silence, but almost before Owain has finished there is a peal of raucous laughter, so savagely stifled by blows and curses that the phrase *chwerthin Dewi*, Davy's Laugh, goes into the

Machynlleth vernacular as a synonym for rash bravado –
*chutzpah*, as people would later say.

Owain does not appear to notice. The strident laugh is
followed by another vast shout of acclamation, and then the
prince does something unannounced and unexpected. To
seal the historic occasion, and to give form to the self-
understanding of his nation, there beside the Maen Llwyd,
beneath the watchful gaze of the hilltop guards, under a glit-
tering watery sun, Owain Glyndŵr is crowned by the Grace
of God Tywysog Cymru, Prince of Wales – the first Welsh-
man formally to claim the title since Llywelyn the Last.

Nothing would seem to fulfil the prophecies more abso-
lutely than this esoteric ceremony at the fulcrum of Wales.
The crown is made from gold mined from the Rhinog
mountains, twenty miles north of Machynlleth, by craftsmen
whose skills have come down to them from the times of the
Celtic goldsmiths – workers in the magic metal, the metal
above all of Welsh antiquity, which figures in so many
Welsh legends and is now to be transmuted once again into
mystic meaning. The ceremony itself is simple – a laying on
of hands by the bishop, the reverential handing of the
crown to Owain, his solemn placing of it upon his own
head – but its allusions are full of resonance, understood by
all.

A long hush follows, the whole assembly silent and
breathless, even Davy Gam impressed, before Iolo Goch,
limping into the empty circle before the throne, declaims in
stately cadence a praise poem for the prince –

> Owain, eagle among birds, prince of men – the bold one,
> Tide at its fullness, skies resplendent,
> Fulfilling heaven's prophecies . . .

A blast of trumpets – another shout – cheers, wild drumming, the plucking of harps, a sudden *feu de joie* of arrows shot into the air – and almost before anyone knows it Owain is gone, spirited away by his bodyguard, swiftly through the crowd to his horse and away. Hardly has he gone than a drizzle starts to fall.

In no time the pageant is over. That same day the prince himself embarks for Harlech, taking his court with him, and very soon the envoys are gone too. Gradually the delegates disperse to their far corners of Wales, and in sporadic troops and squadrons the guerrilla army moves across the river up the road to the north.

Not for another six hundred years will Machynlleth experience a similar moment of epiphany. Owain will never hold another parliament here, nor develop the town as his royal capital, but the site of Tŷ Mawr will always be honoured for its association with the prince; even the house by the market cross will be pointed out to all coming generations as the gaol that held Davy Gam the traitor. For a thousand generations and more Machynlleth's chief claim to fame will remain the fact that Owain Glyndŵr the Prince of Wales was here, and here summoned a Parliament of all the Welsh.

Within a few years his rebellion will have failed, and he will be a fugitive. All his diplomacy comes to nothing. The French troops arrive, flounder about in the drizzle and go home again. Pope Benedict never gives the Welsh Church its autonomy (and anyway within a few years his authority is recognized only by the governments of Scotland and Armagnac). The Percys are abjectly defeated by the forces of the English Crown. Plant Owain disperse, or degenerate into bandits. A Wales ravaged, desolate and demoralized after years of war is left more firmly than ever before under the authority of London. Dafydd Gam, released to laugh the last laugh, goes on to become a champion of the English crown, to die bravely at Agincourt and to be immortalized (so some say) as Shakespeare's Fluellen. For centuries to come it will be the purpose of the English to destroy the last remnants of Welsh nationhood, to discredit the Welsh culture and obliterate the Welsh language. Owain Glyndŵr himself, whose fate nobody will ever know, whose grave is lost for ever, will become no more than a beloved and wistful symbol of the national identity, to be remembered by patriots always as the saviour who might have been.

As for Machynlleth, its moment of destiny over, it will continue to hold its weekly market, to welcome its travellers and to offer the consolations of its inns, as though all this has never happened – is all a dream, perhaps.

# II

# THE PRESENT:
# Y PRESENNOL

*In 1991 Machynlleth celebrates 700 years of
existence as a market town*

# The Present: Y Presennol

In 1991 a stranger to Machynlleth has to look hard to find
the Maen Llwyd. It has not moved far since its glory day at
Owain Glyndŵr's parliament, but is now hidden away in
the centre of a small private housing estate, as though to
suppress its esoteric influences. It stands there on a green
patch, with a bench beside it, and an explanatory notice,
looking meditatively towards the bare hills that rise beyond
the rooftops. All around the bungalows of the *petit bourgeoi-
sie* daintily flourish, with little lawns, and flower-boxes of
geraniums, and small cars neatly parked, and a plastic
flamingo.

Further away there are rows of council houses. Most of
these, too, breathe a spirit of prosaic if rather less genteel
conformity, but one or two have been given some individual-
ity by their owners – here a façade dressed up in reconsti-
tuted stone, and here one painted all in white, so that just
for a moment its cramped façade suggests to the passer-by
an old Welsh farmhouse somewhere, thick with the layered
whitewash of the centuries. These occasional gestures of
idiosyncracy, or perhaps heredity, seem in tacit collusion
with the massive old stone around the corner, brooding
there always about its heroic past, and perhaps pining for a
less ordinary future.

This is a familiar sensation in the Wales of the early 1990s –
the feeling that organic presences are struggling to survive

37

against alien imposition. In 1536 Henry VIII announced that henceforth Wales was to be indissolubly linked with England as a single kingdom, 'as a very member and joint of the same', and the pressure has never been relaxed. The deliberate Anglicization of Wales has ostensibly been abandoned, but every development of English history has made the Welsh more English anyway. The Industrial Revolution brought hundreds of thousands of English immigrants into the coal valleys of the south, the steel mills of the northeast, besides making Wales an essential economic prop to British imperialism. The two World Wars willy-nilly brought ordinary Welsh people into the mainstream of British affairs. The conquering march of the English language, across half the earth, inevitably weakened the homogeneity of the Welsh, and the popular press, radio and television insidiously imposed English tastes upon their culture. First the habit of buying second homes, then the attraction of cheap living in lovely countrysides brought another enormous influx of English people over the border, where they bought houses young Welsh families could not afford, acquired long-established corner shops and village post offices, and all too often lived utterly oblivious to the history, the language and even the resentments of the Welsh.

Machynlleth has experienced almost all these onslaughts upon its native personality – only heavy industry has passed it by – and a walk though the town from Maen Llwyd leaves one with mixed and ironical responses. In 1991 the town is celebrating a centenary: it was 700 years ago that Edward I authorized Owain de la Pole to sponsor a weekly market on this site, together with an annual fair. Little has happened since. Machynlleth's one starry moment was Glyndŵr's parliament and coronation of the 1400s. Its one moment of notoriety occurred in the 1920s, when disputes over fishing rights in the Dyfi repeatedly boiled over into violence, the Riot Act was read outside the town hall, and for a time tourists were frightened to come here.

For the rest it has been 700 years of buying and selling, haggling and bartering, at the same stalls, on the same site, on the same days down the centuries. The weavers and tanners have come and gone. The slate railway from the quarries is just a bump in the ground. The last ship long ago sailed from Derwen-las, and the quay-village is only a picturesque roadside hamlet. The professional fishing community of long ago is reduced to the six men licensed to catch salmon and sewin with seine nets in the estuary. Machynlleth has expanded, to house a population of some 2,000, but its shape is much the same as it always was. The times are tough (this is a year of deep recession); petty crime is on the increase (though most of the bigger robberies are committed by marauders from England); nevertheless the town remains a regular little place, prospering moderately by its markets and its transit trade, and in a generation notable for filthy littering habits, unusually trim and clean.

It is still more isolated than most Welsh places: eighteen miles from the next sizeable town, Aberystwyth, far from the big cities of South Wales, and from its traditional English market of Shrewsbury (still known as Amwythig among Welsh-speakers here). Machynlleth retains, too, an exhibition quality, its pattern governed as always by the meeting of its three main roads. The road from the east in particular, Heol Maen-gwyn, can remind us still of the influences that have come this way since ancient times through the mountain gap from Montgomery and England.

The white quartz stones are still there, but few of its buildings, an engagingly eclectic lot, look particularly Welsh. Some are Georgian, some are Victorian, one is vaguely medieval. There is an early-seventeenth-century house in purest English timber framing, one of the very last examples along the highway from the east, and at the junction of the roads, the apex of the town, there stands an ornate nineteenth-century clock tower: it is exuberantly arched, bobbled and pinnacled, is the dominant building of Machynlleth, and makes its presence inescapably known by striking very loudly every quarter of an hour, night and day.

The prevalence of pubs in Machynlleth has decreased rather, since the nineteenth-century heyday of its ale-houses, and the Glyndŵr Hotel, we are sorry to see, is up for sale; but the Wynnstay Arms stands comfortably on Heol Maengwyn (Rotary on Mondays), and around the corner is the White Lion (licensee Malcolm Quick), and over the road is the Red Lion (Vernon Humphries), and up the road is the White Horse (David Philpot), and a top-hatted skinner is on the inn-sign of the Skinners' Arms (Jan and Keith Ashton), and the Dyfi Forester, having a Scandinavian licensee, offers its lunchtime customers a dish called the Tivoli Mixed Platter – herring variously in a curry sauce, in a madeira sauce, and marinated.

The parish church, a little way up the northern road, has long been rebuilt since Glyndŵr's day, and has lost its Celtic references. Its circular churchyard nibbled into new shape by roads and buildings, it is now an endearingly chunky, neo-Jacobean sort of building, with a squat square tower, and dormer windows, and a porch with unpainted bargeboarding. The little Catholic church of St Mair, on the other hand, is all airy logic. It was financed in the 1960s by

an anonymous donor, and was one of the very first to be
built with its altar facing the congregation, according to the
precepts of the Second Vatican Council.

There is a golf course at the eastern end of town, and a
bowling club, and a sprawl of council-housing estates, and
a Community Hospital. The Garden Village, Tregerddi, a
group of houses designed by the Edwardian architect T.
Alwyn Hughes in an Arts-and-Crafts style, was long admired
as an example of how to build low-cost housing humanely.
The lavish new Leisure Centre, Canolfan Hamdden, not
only has a mock rock-face, to learn climbing on, but a large
indoor bowling-green. There is a sufficiency of pottery
shops, craft shops, shops with names like Joy or Fusspots,
sellers of corn dollies and perfume sachets. Here and there
alleys and courtyards survive from older times, one shelter-
ing a unisex hairdresser, another leading conveniently into
the back door of the Red Lion.

What else? We notice, I suppose, the Quarry Shop Whole-
food Café. This is associated with an Alternative Techno-
logy Centre, an assembly of windmills, hydraulics and solar
devices five miles north of town; it goes in for flapjacks and
decaffeinated coffee, and is bright with advertisements for
veterinarian acupuncture, meditation groups, vegan guest
houses and reflexology. We may wander through the rusted
and propped-up gates of Plas Machynlleth, a mostly Victo-
rian mansion in the heart of the place which was presented
to the town after the Second World War and is now a fairly
dismal mix of bureaucratic office and public amenity. We
may pause to admire the charming almshouses on Heol
Pen'r-allt, built in 1868 for widows and the needy poor, or
the amusing former smithy whose door is framed in an
enormous terracotta horseshoe.

We discover from a glass case full of trophies in its hall
that Ysgol Bro Ddyfi, the comprehensive school, recently
won the Powys Schools Golf Tournament. The war memo-
rial names fifty-two Machynlleth men who died in the First
World War, thirty-three of them named Davies, Jones,
Evans, Lewis, Roberts or Williams. The red-brick railway
station, on its embankment above the northern flood-mead-
ows, looks a wreck from the outside, but has a platform
with a scalloped canopy and flower-baskets (prize-winners
in the Wales in Bloom Competition, 1990), and looks out
over the green hills like a country railway station in an old
poem: from here the little trains of the Cambrian Coast
Line chug their way to Shrewsbury, Pwllheli or Aberystwyth
more or less along the routes travelled by the traders and
drovers of the Middle Ages. The police, from their headquar-
ters in Heol Doll, sally out in distinctly unthreatening
Maestro saloons. Since 1533 there has been a bridge at the
site of the old Dyfi ford, and a little hamlet still clusters
around its northern end: when the river rises in flood the
road here can be deep in water, and the traffic sloshes
through it with difficulty, like the horsemen of long ago.

English is the most immediately obvious language in this
Welsh town – English on the shop fronts, English in the
advertisements, Birmingham English on the lips of the
garage man, English books overwhelmingly in the County
Library on Heol Maen-gwyn, English predominating in the
innkeepers' names, English only on the menu of the Stages
Restaurant, English in the Wholefood Café, English on the
wall of the Army Cadet Force Hall (opened by Her Majesty's
Lord Lieutenant in 1990), English very probably from the
radios blaring from the council houses, and the televisions

flickering in their living-rooms. Hardly a word of Welsh is ever spoken among the congregation of the Catholic church. At the Community Hospital Day Centre we may stumble upon a Nostalgia Session for the elderly: they include a few old rustic ladies, a retired military sort of person and a well-dentured widower or two, and they are sharing all their memories in the English tongue.

Observe the roster of Division One of the Leisure Centre Table-Tennis Tournament: it comprises K. Suen, C. Suen, Waseem Haq and Hughes – the first two from the Chinese takeaway, the third the curry cook at a local pub, and only Hughes out of the roots of Wales. Hughes is the only Welsh name on the roster of general medical practitioners, too, the others being both Nepali. If it happens to be a Wednesday when we are walking down Heol Maen-gwyn, the stalls line the sidewalks as they have every week for 700 years, but we shall find that most of the stall-holders are talking English, in accents varying from Liverpudlian to Pakistani: they are members of the wandering freemasonry of market people who cross and re-cross the English border as the profits take them. We ask a large man on a bicycle the way to the comprehensive school, and he is unable to pronounce its name – or at least, with a grimace of mockery, pretends to be.

Straggling up the slopes of Pen'r-allt, just behind the town, are clumps of rhododendron. They are feral shrubberies, escaped from the garden of some gentleman's house, and if they could talk they would speak English too, for they are relics of the English or Anglicized oligarchy which came to power here with the Norman Conquest, and first stamped Englishness upon the Welsh. This ruling class is only now at last disappearing, and leaves behind it many a half-conscious attitude, and many a shrub gone wild. Its

first representative in Machynlleth was that Owain de la
Pole, Lord of Powys, who was patron of the town's original
market, and thus the real founder of the .place. Its last
representatives were the Vane-Tempest family, Marquises
of Londonderry, great people in England and in Ireland,
who married a century ago into a local family of gentry, the
Edwardses, and set up one of their headquarters here. The
extremely rich Londonderrys made Plas Machynlleth a ful-
crum of power far more formidable than the country houses
round about, and its position is a rare one in Wales – the
great house with its park in immediate proximity to the
town, as in one of the estate villages of the Cotswolds. The
Londonderrys are inescapable in Machynlleth still, in
memory, in artefact, in influence, and even to this day in
life: a great-grandson of the 5th Marquis still lives in the
neighbourhood, and fulfils many squirely functions, besides
owning a novelty shop on Heol Maen-gwyn.

It was to commemorate the twenty-first birthday of a
Londonderry heir that the clock tower was erected in 1873,
and in his memory its chime is still keeping visitors awake
at night. It was to amuse royal guests of the Londonderrys
(the future King Edward VII and Queen Alexandra) that
the terracotta horseshoe was erected around the smithy
door in 1896. Mary Cornelia, Marchioness of Londonderry,
built those almshouses for the needy poor, and is buried
beneath the largest of all the tombstones in the church
graveyard across the road. 'Well done, Good and Faithful
Servant', says a memorial inside the church to Edward
Llewelyn, died 1850, 'for fifty years the faithful servant of
Sir John Edwards, Baronet, father-in-law to the Marquis
of Londonderry'. 'Erected in memory of the 5th Marquis
of Londonderry, K.P.', says the inscription on a nearby

window, 'by his Welsh friends and neighbours in token of their lasting esteem and regard'.

The Plas itself is a cenotaph of the old dispensation. It houses in its back quarters the Rural Industries Board and the Economic Forestry Group, on its first floor a homoeopathic and osteopathic medical practice, and on its ground floor the council chamber of the Machynlleth Town Council, but it is still just recognizable as an English gentleman's residence. Huge pictures of Londonderrys survive forlornly here and there, with explanatory texts beside them. A bust of Mary Cornelia stands in a rose garden. The wide green space beyond the house, now enmeshed at its edges in tennis courts, play areas and car parks, is still detectably the demesne of a great house, with rolling swards and finely disposed trees. An elaborate pair of lodges flanks the ornamental gates that open into Heol Maen-gwyn, and here and there cottages, embedded now into the municipal arrangements, speak wistfully of curtseys and tugged forelocks. It is all there, but spectrally. It is like the remains of the Roman fort at Caersws, hardly more than a pattern in the ground, haunted by the ghost of an order.

Do you hear the subtly respectful inflexion that even now enters some elderly Machynlleth voices when royalty is mentioned, or the history of the Plas? That's the Londonderrys speaking, dictating the attitudes of their tenantry when their last Marquis has long since left for England and for Ireland, and hinting still that the very presence of such an English family, royally connected, entertaining fashionable guests from London, bestowing its patronage upon the people, employing many, ending fishing disputes, embellishing the church with its memorials, providing suitable homes for indigent widows, making the night ring with the chimes of its ornamental clock tower, *ipso facto* elevated the status of the town.

But inside Plas Machynlleth we may unexpectedly find, beyond the lacklustre portraits of Vane-Tempests, and the hymn books and wheelchairs of the Darby and Joan Club which meets on Tuesdays in the south wing, some bold modernist pictures, rather like Sidney Nolan's paintings of Ned Kelly, which depict a much older grandee of the place: Owain Glyndŵr, whose very different kind of patronage has been remembered too through all the fluctuations of Welsh social history. I doubt if the Londonderrys themselves did much to encourage his devotees: it was on the occasion of the investiture as Prince of Wales of their eldest son, the future disreputable Edward VIII, that in 1911 Their Majesties King George and Queen Mary of England, in one of Machynlleth's most fulsomely recorded occasions, stayed at the Plas and went to Sunday morning service at St Peter's.

Yet Glyndŵr was never forgotten, and today he is the true Marquis of this place – his princely seal, in which he sits in state upon his throne, is reproduced on the plaques marking the Town Trail. There is a housing estate named for him, and a bar at the Leisure Centre, and the one medieval building on Heol Maen-gwyn is reverenced still as his Parliament House. It was restored in the first decade of this century by another Welsh hero, the future Lord Davies of Llandinam, who had inherited the vast fortune made by his grandfather, 'Davies the Ocean', in the coal and shipping industries. Davies bought the building, then in a semi-derelict state, and presented it to the community to be a centre of social life in Machynlleth, and a perpetual memorial to Owain. So enthusiastically did he himself identify with

Glyndŵr that when the artist Murray Urquhart painted a bellicose mural of the battle of Hyddgen inside the building, he gave its victor the face of Davies the Ocean's grandson.

It is 700 years of commerce that the town is celebrating, but the apex of Machynlleth's self-regard remains the moment of Owain's parliament, when the envoys came from Europe, and the unity of Wales was proclaimed. *The Town of a Prince* is the title of David Wyn Davies' celebratory history of Machynlleth, and there is no need to specify what prince – every travel brochure, every publicity handout, recalls Glyndŵr's association with the town. Hardly a tourist comes to Machynlleth without visiting the Parliament House, and there are some who still walk down the road, past the Londonderry clock tower, to the old stone house on the corner of Lôn y Garsiwn, Garrison Lane. There the supposed place of Davy Gam's incarceration is now called Royal House (because Charles I later slept there), and has a men's-wear shop cosily in the front of it: but most of it is empty, dark and rather disquieting, and dominated still by the memory of the little red man.

Much of Wales, in 1991, has been turned into a theme park in one kind or another, and the Glyndŵr of contemporary Machynlleth is partly flummery. He never set foot in that Parliament House, which had not been built in his day. His coronation is very probably myth. Nobody is sure about those plenipotentiaries from France, Spain and Scotland. Austere scholars are of the opinion that Davy Gam never came to Machynlleth at all.

Owain's continuing celebrity, though, represents something genuine too – a continuing sense of Welsh identity, weakened often but never entirely broken through all the centuries since Glyndŵr's rising. In the little museum that occupies part of the Parliament House (the Dyfi Valley Pentecostal Church holds its charismatic services in another) the most ignorant visitor may sense that part of the exhibition, at least, comes from the heart. There is a scholarly account of Glyndŵr's life. There is that fiery battle painting. And besides the quotations on the walls from ancient Welsh laments, there is one contributed by a modern citizen of Machynlleth which is certainly more than tourist persiflage, and which ends:

> *Na, nid priddyn oedd ei ddeunydd*
> *Mae ei ysbryd yn y gwynt*
> *Yn cyniwair deffroadau*
> *Megis yn yr amser gynt . . .*

> No, he was not of earthly matter,
> His spirit is on the wind,
> Bringing life to awakenings,
> As in the former times . . .

Look more closely in the town, listen more intently, and you will find many another symptom of the Welsh resilience. Hughes, after all, is still fighting it out in the ping-pong tournament. Sometimes those English voices, however authentically Brum, Scouse or even Standard they seem, break unexpectedly into Welsh. Sometimes a shopkeeper apparently utterly Anglicized turns out to be a fervent Welsh patriot. You may at first suppose that the former Wesleyan chapel on Heol Pen'r-allt, once a stronghold of Welsh language and Welsh thought, now turned into a Cultural Centre, has gone the way of many another Welsh institution, and sold out to English fashion: but no, the founder of the Tabernacle Trust is great-great-great-grandson to one of the

Tabernacle Chapel's first ministers, great-grandson to one
of the most successful of all Machynlleth Welshmen, the
famous entrepreneur Owen Owen, and Y Tabernacl re-
mains staunchly committed to its Welsh heritage – its
annual Arts Festival, we note, includes in 1991 performances
of Welsh jazz, Welsh traditional dances, songs by Welsh
composers, a Welsh harper, a Welsh pianist, Welsh choirs,
a lecture on early Welsh poetry and the first performance
of an orchestral work based on a love poem by Dafydd ap
Gwilym.

There are few needs in Machynlleth, it will gradually
dawn upon you, that cannot be supplied in Cymraeg, if
only at a pinch. The local Welsh monthly, *Blewyn Glas*, is
on sale at Morgan's the corner newsagents, Siop Gornel.
There are Welsh services every other Sunday at St Peter's,
and around its nave the opening words of the Te Deum are
inscribed in Welsh. A missal in Welsh is available at the
Catholic church, which is itself dedicated to Y Santes Fair
rather than Saint Mary. Côr Meibion Powys, the male voice
choir, rehearses extremely Welshly at the Tabernacle, and a
few words of the language even make their appearance
among the ecological-boycott lists and organic potato crisps
of the Wholefood Café – most prominently of course *Dim
Ysmygu*, No Smoking. You will hear English often enough
in the playground at Ysgol Bro Ddyfi, but half of its pupils
use Welsh as their first language, another 30 per cent are
competent in it, and only one in five is listed as Non-
Cymraeg.

And on the high wall opposite the school, part of the old
demesne wall of Plas Machynlleth, there are always militant
patriotic graffiti, often washed off, invariably replaced –
demanding a new Welsh Language Act, insisting on Welsh

for Welsh Children, or declaring Nid Yw Cymru Ar Werth, Wales Is Not For Sale.

So presently you may think you detect, between the Welshness and the Englishness of Machynlleth, a kind of equilibrium, or perhaps stalemate. Like every other Welsh town, Machynlleth in the 1990s is a hybrid. Foreigners find it hard to make out. If they expect to find Wales just another English province, as the Germans generally do, they are surprised to hear the Welsh language at all. If they have a romantic view of things Celtic, as Americans often have, they are disconcerted to find English so predominant in the streets, and English ways so prevalent.

And not only foreigners either, because even among many Welsh people a sense of uncertainty blurs the allegiances. What are they really, Welsh or British? Only a couple of generations ago, in the prime of the Londonderrys and their kind, it was generally thought inferior to be Welsh. Those who wished to get on in the world Anglicized themselves as fast as possible, poshed up their English accents, neglected their Cymraeg or even in extreme cases professed not to understand it. Even now, with English tourists predominating, and English residents multiplying, it can sometimes seem more advantageous to be a little more British, a little less Welsh, and to declare one's distaste for those unfortunate slogans on the wall of the Plas.

Every Welsh decade nowadays sees an immense swop of Welsh people for English, as the one race leaves to find work or wider opportunity, and the other comes in search of easier options. All over rural Wales English incomers have altered the texture of life, often so swamping village schools that the children of the Cymry Cymraeg, the Welsh-speaking Welsh, are left in a shy minority. Calculating migrants from over the border, wishing to be on the winning side, might well feel it expedient to plump for Englishness, joining those parents who line up with placards objecting to education in the Welsh language, or writing petulant letters to editors complaining about Anglophobe prejudices. This is one country, they might suppose, where the imperial idea, the idea that one nation, one culture, can permanently override another, still bears the hallmarks of success.

On the other hand such cautious opportunists might also take into account the evident staying power of the Welsh idea. Welsh nationalism ebbs and flows rather, now enjoying years of virile success, now declining into disconsolate self-pity. When, in 1979, a referendum showed that the Welsh people as a whole were overwhelmingly opposed to Welsh self-rule, for a time pessimists thought the whole concept of nationhood was dead and gone. But it was not so. The end of Welsh history has often been foretold by seers or announced by pundits, but somehow it has always been resumed, and so it has been in the 1980s and 1990s. The aims of the nationalists vary profoundly, but they are linked almost always with the survival of the Welsh language – the number of people who voted for devolution in 1979 was almost exactly the same as the number of those who spoke Welsh.

Some activists wish to see the whole of Wales transformed into a self-governing society bilingual in Welsh and English. Some wish to extirpate the English language altogether. Some want to write off the predominantly English-speaking areas, and concentrate all patriotic energies on *Y Fro Gymraeg*, the most Welsh parts of country, making them akin to the Irish *gaeltacht*. Some are of the opinion that politics has become irrelevant, and that Wales can best maintain its identity in purely cultural terms. And in 1991 almost all appear to believe that the advent of a newly united Europe, progressing inevitably towards federalism, will give a new national meaning to Wales – a vague and wishful conviction, seldom translated into hard political proposals, but one that has powerfully strengthened the morale of the patriots.

So the putative settler in Machynlleth should not underestimate the pride, the punch, even the arrogance of the Cymry Cymraeg. He will certainly be affected by it. His children will inevitably have to learn the language. One of his television channels will be mostly in Welsh. He will not be able to escape the disputes of nationalism. And he may be taken aback to find that Wales, the Land of Song he has heard so much about, no longer confines itself, musically or figuratively, to hymns, sentimental ballads and the innocuous hubris of male voice choirs: nowadays Welsh rock music has overlapped with the folk tradition to give an entire generation of young Cymry Cymraeg a new confidence and an exhilarating *esprit de corps*, to be felt almost dizzily in pubs, concert halls and festivals everywhere – loud, sure of itself, sometimes lyrical, often funny, satirical and extremely Welsh.

'Who runs this town?' John Gunther, the great American reporter, used to ask the question of every city he visited, but even he would find it hard to get an answer in Machynlleth. The longer we ourselves wander its few streets, the more complex we feel its undercurrents to be. It is a very old town, its strains of race and language have created many arcane nuances, and it is still closer to the earth than it may appear.

## The Present

Look through the window of Hamer's the butcher's shop in Heol Pen'r-allt – a few doors away from the Skinners' Arms, and opposite the old weavers' quarters – and you will see hanging from its walls not only the carcasses of sheep, but their fleeces too, wonderfully white. The countryside and its life are always present in Machynlleth, and the fortnightly livestock sale, in the lee of Pen yr Allt, is a stupendously rural occasion, the Welsh Black cattle and mountain sheep jam-packed in their pens, the farmers authentically booted and cloth-capped (except for a few modernists in baseball caps), with faces almost medievally Welsh, and a merry flow of backchat. Hamer's does its own slaughtering and fleecing, and a couple of hundred yards away Messrs Jenkins and Williamson, the vets, have a Lamb Surgery at the side of the house, and a convenient little patch of pastureland behind. Unmistakable farmers are familiars of the Machynlleth pubs; families from the surrounding villages frequent the swimming-pool at the Leisure Centre; half the children at Ysgol Bro Ddyfi are farm children – mysteriously nicknamed 'joskins' by the rest.

A century ago the power of organized religion was second only to the power of the Plas. At St Peter's then the gentry and the bourgeoisie followed diligently in the wake of the Londonderrys, and the rector in his fluttering white surplice indefatigably shook many hundreds of hands, smiled countless pastoral smiles outside the porch on Sundays. At the chapels of the Nonconformists, scattered around the town, preachers of all denominations held huge congregations in spell, and their hymns thundered over the streets, and their deacons and elders were men of stature every one. Even fifty years ago the passion of spiritual belief was one of the driving energies of this country. People still left their offerings at holy wells in those days, and the half-pagan rituals of the ages were freely honoured.

Today Wales is becoming, in effect, a country without organized religion. The Machynlleth chapels are mostly empty, some of them demolished, and only a dedicated handful gathers together at St Peter's, or arrives at the Parliament House for the Sunday pentecostal meeting. The little Catholic community, though greatly reinforced by visitors during the summer months, reported in 1990 zero statistics – zero births, zero deaths, zero confirmations, zero weddings, zero baptisms. It is hard to suppose, though, that all the spirituality of this venerable town, its grace or transcendence, has been lost in a single generation, and one is left wondering through what secret channels it now flows, and what power it still exerts upon the people. Is simple superstition its only relic? Are charity runs or Nostalgia Sessions substitutes for religion? Is Alternative Energy a kind of sacrament? Are we to see some covert holding action, as it were, some reserve of ancient order, in the regular stream of the melancholic seeking the help of Arthur Price, the famous healer of Derwen-las, who exerts his powers through the medium of that primevally Welsh substance, the wool of the sheep?

Even secular authority has always had its ambiguities in this town, standing as it variously has on the borderline between Welsh princedoms, on the cusp between Norman territory and Welsh, on the frontier between the Marcher Lordships and the Principality of the Crown, on the line between commotes and counties. Even now, in 1991, many Welsh people are hard put to say what county Machynlleth is in, for in 1978 the map of Wales was re-drawn yet again, and the town found itself not only at the meeting-place of the districts of Meirionnydd, Ceredigion and Montgomery-shire, but also of the counties of Gwynedd, Powys and Dyfed. Soon it may all be changed again – it is hard to keep up. For the moment it is Powys which reaches across Wales to reach the coast in a narrow corridor at the Dyfi estuary, making Machynlleth its Danzig, and administrative power is vested in the County Council at Llandrindod Wells, and more closely in the Montgomeryshire District Council at Welshpool. In the town itself command is represented only by a Town Council largely deprived of effect: there used to be a grand Town Hall on Heol Pen'r-allt, but this was demolished in 1968, and now the council offices occupy a single room in the Community Hall, a mingy hut-like build-ing on Heol Maen-gwyn, and the most exciting of the Council's few functions seems to be the maintenance of the clock tower.

So who runs this town? Not the Town Council, not the church or the chapels, not the Londonderrys and their kind – here and there in the districts around are some last representatives of the old Anglicized gentry, still providing as if by force of habit Justices of the Peace, Lieutenant-Governors and honorary presidents of this and that, but in general they are marginal figures now, and most of their old houses are hotels, country clubs or nightmarish caravan parks. Gone, all gone, are the old days of hierarchy, the days of Calvinist morality and Anglo-Welsh consensus, when proprieties overrode nationality, and Welsh neigh-bours subscribed to honorific windows for their English betters.

Nowadays power is more obscurely held, and is harder to define. Perhaps the professional middle classes of the place, the solicitors, the teachers, the bankers and the doctors, have some sway still. Doubtless the *commerçants* of Rotary can fix things when they wish to. British Rail, which was a big employer here in the days of steam, has a certain hold over the town – if the rail service were to be abandoned, as has often been threatened, Machynlleth's tourist industry would be badly hit. The Forestry Commission must always be listened to, British Telecom is important, the Bowls Club is said to be a hive of the local Establishment, the Post Office provides most of the voices of the male voice choir. But if there is an élite at all, it is perhaps provided by the well-heeled Welsh-speaking landowners, gentlemen-farmers of a modern kind, whose properties ring the town. These people know everyone there is to know. They have their representatives at Welshpool and Llandrindod Wells, and probably at Westminster too. Their children and grandchildren are educated through the medium of Welsh. They often trace their ancestries far back into Machynlleth history, and they spell their names, as likely as not, the Welsh way – Dafydd rather than David, Iorwerth, I dare say, rather than the way King Edward I preferred it.

A Welsh governing class, for the first time, perhaps, since the English conquest? Not quite, or not yet. Wales is still in a kind of historical limbo, still entangled in the old ethnic and linguistic inhibitions. Six hundred years after the furies of Glyndŵr, they are now of a more insidious kind. Brawls seldom express the antagonism in the pubs of Machynlleth, the police say, because it is 'done in more subtle ways . . .' At Ysgol Bro Ddyfi Welsh-speakers do not often clash with English-speakers, but 'joskins' sometimes find themselves mocked – an echo perhaps of the days when the towns of Wales were enclaves of Englishness in a Welsh countryside.

# The Present

Like any other Welsh town Machynlleth, 1991, may strike us as a somewhat neurotic community, where few people seem altogether open in their views and feelings. Little by little undercurrents of anxiety and entanglement show themselves, as the contents of a closed room are gradually revealed while we accustom our eyes to the darkness. There is not much *Angst* on the surface. People of both races are generally polite to each other, are very often friends and colleagues, and doubtless usually keep to themselves their patriotic, historical or racial concerns. Strangers will know nothing of it, unless they get someone to translate those fierce graffiti for them, or, wandering into a pub performance by one of the Cymry Cymraeg's red-hot rock groups, and asking for their beers in English, sense a freezing of the atmosphere around them.

By and large the Cymry Cymraeg of Machynlleth seem relatively relaxed. Political nationalism may still be suspect among many, but in the Wales of the 1990s the ability to speak Welsh has become a distinct economic asset, and almost a sign of social superiority. You will realize after a few days in the town that in a startling reverse of fortunes it is the English inhabitants who now feel on the defensive. Few indeed are the Machynlleth English ready, as that man on the bike was, to sneer at the Welsh language, or wilfully mispronounce it. Not many are willing to admit that they speak not a word of it – '*tipyn bach*', 'just a little', is the standard response, even among the crudest of newcomers, whose parents in Wolverhampton would have scoffed at the language's very survival, let alone at the absurdity of trying to learn it. Nowadays, it seems, the inability to speak Welsh is something to be ashamed of, or at least to feel awkward about, and it is a spurious assurance that all those English signs and symptoms seem to represent. A town – a Wales – that appeared until recently only waiting to be exploited by English enterprise turns out to be, for the less insensitively mono-lingual English people, a somewhat embarrassing place to live.

This represents a situation rare indeed, perhaps unique, in the history of imperialism. London's policy towards Wales has long been to kill by kindness, allowing the patriots enough concessions to deny them the force of martyrdom or even oppression: supporting the Welsh language (but moderately) – giving Wales a measure of autonomy (but an impotent measure) – printing Welsh postage stamps (but to the same design as the English) – minting a Welsh pound coin (but with its Welsh words only around the rim) – giving to outsiders in short, and even to many Welsh people, an impression of urbane tolerance. Wales sends its own members to Westminster, where many have distinguished themselves, and is administered by a Welsh Office in Cardiff. Hundreds of thousands of the inhabitants of Wales, whether Welsh or English, are content with these arrangements; by most colonial standards the absorption of Wales into Great Britain has been remarkably successful, and has been accomplished without bloodshed – not since Glyndŵr have the Welsh risen in arms against the English. In 1991 even the fact that the Secretary of State for Wales is an Englishman with scarcely a word of Welsh seems docilely accepted.

But in fact the relationship is endlessly equivocal. The English settlers in Wales can perhaps be compared to Russian settlers in Lithuania and Latvia. The Welsh patriotic activists certainly feel themselves to have something in common with Basque or Catalan separatists. Perhaps nowhere else, though, has the consciousness of a conquered nation evolved in quite the Welsh way, for despite all the subtle inducements of British policy, despite all social pressures, through every cadence and permutation of history the Welsh have considered themselves a separate nation. Even those most scornful of separatism have allowed their patriotic instincts to surface at rugby matches, when the Welsh flag is flown and the Welsh national anthem sung. The Welsh language has proved indestructible: a far smaller proportion of the population speaks it now than spoke it a century ago, but if there were 150,000 Welsh-speakers in Owain Glyndŵr's day, there are 500,000 now.

In Machynlleth we may come to feel indeed that the Welsh are unobtrusively reversing the course of history, and engineering their own peaceful revolution. The town has never been a particularly popular place for English settlement. The neighbouring properties are mostly large sheep-farms, not the sort retiring businessmen or ecological enthusiasts want. Without a beach, away from the more spectacular mountains, the town itself has never been a holiday resort – Aberdyfi, six miles away at the river's mouth, is the local watering-place. The proportion of Welsh-speakers to English-speakers has been about the same here for half a century: two-thirds of the dead of the First World War bore those familiar Welsh patronymics, more than half of those who died in the Second were Joneses, Evanses or Williamses.

Now it is as though the Cymry Cymraeg have, despite our first impressions, moved the balance and tacitly gained control. It is they who are setting the pace of change. Without converting the mass of the population to active nationalism, they have made Welshness the norm – 'normal and useful', as Catalans like to say of their language and culture. It is hard to suppose that Ysgol Bro Ddyfi will ever again call itself the Machynlleth Comprehensive School, or that Welsh will ever be abandoned as the chief medium of its education: a Machynlleth generation is arriving every single member of which will at least be able to converse in Welsh. Is it possible that the Welsh have been too smart for the English, and that it has not after all been death by kindness that London has achieved, but re-birth?

Another sign of shifting times awaits us at the southern end of the town. If we walk down Heol Maen-gwyn past Glyndŵr's alleged Parliament House, past the Wynnstay Arms where Rotary is deploring the state of the economy, past the clock tower which even now strikes 1.15 p.m., past the White Lion and the old smithy with the terracotta horseshoe, we shall arrive at the Leisure Centre, built within the policies of Plas Machynlleth, and overlooking its old rose garden. A large noticeboard beside the entrance announces the provenance of this extravagant building. Money was provided, we are told, by the Welsh Office, by Powys County Council, by Montgomeryshire District Council and by the European Economic Community.

Europe! Wales is in Europe now, and Machynlleth the old Welsh meeting-place is a European town too.

# III

# THE FUTURE:
# Y DYFODOL

*In the first half of the twenty-first century
Machynlleth honours an anniversary as capital
of the Euro-republic of Wales*

# The Future: Y Dyfodol

It is the evening before 1 March, St David's Day, Republic Day in Machynlleth – and not just any Republic Day, but one of those special anniversaries, a decadal year, a half-century, that gives to every society a sense of membership and continuity.

The easiest way to get there for the celebrations, now that our imagination has taken us well into the twenty-first century, is by scheduled helicopter: this lands at the air-rail depot on the site of the old British Rail station, between the capital and the Dyfi bridge. However many people are likely to come overland, either by rail from Welshpool where trains connect with the Channel Tunnel continental services, or by the spur road which links Machynlleth with the National Road, Ffordd Genedlaethol, running from the north of the country to the south. Travellers with time on their hands, or work to do, will doubtless have taken cabins on the small, fast and yacht-like freighters which, since the revival of the Welsh coastal traffic, connect the new deep-water port at Aberdyfi with Bristol and Liverpool.

Whichever way we arrive, what may surprise us most is this: that Machynlleth, capital of independent Wales, a sovereign republic within the European Confederation, a founder-member of the League of Neutrals, looks very much as it did in 1991, when it was no more than a market town in Powys County, part of the United Kingdom of Great Britain and Northern Ireland, ruled from London and subject to the English monarchy. In shape, indeed, it is even recognizably the same town as the Machynlleth that Owain Glyndŵr the rebel prince knew, nearly 600 years before that.

As we come in to land, to be sure, we may see the swarming sweep of the motorway on the other side of the hills, and the basin at Aberdyfi with the masts and funnels of its ships, and the tangle of ocean trawlers in the dock alongside. North of the river, where the Alternative Energy Centre used to be, is the massed windmill cluster of Welsh Energy, Ynni Cymru, looking like a roost of restless and elegant white birds. The town itself, though, would look perfectly familiar to travellers from an earlier century. Clear as a map still, down there we see the road from England meeting the coastal roads to Gwynedd and to Dyfed, and since it is a Wednesday, even now Heol Maen-gwyn is speckled with the awnings of the market traders. The hills around the town are still bare, only a few in-shore fishing craft are moored beside the Derwen-las quay, and Machynlleth looks as always a comfortable little refuge, backed protectively by its mountains, facing the winding shining estuary and the open sea.

Other nations, emerging into independence after centuries of subjection, have celebrated their emancipation with triumphant monuments, or have at least developed their erstwhile puppet capitals into statements of proud assertion – look at Zagreb, or Guernica, or Alma-Ata! The Welsh did neither, when they established their own Euro-republic. Enshrined in their constitution, in the celebrated clause known as the Principle of Simplicity, Egwyddor Symlrwydd, is a commitment to the ideal of restraint in all things, and they applied it faithfully to Machynlleth. In the days of the United

Kingdom the pseudo-capital of Wales was Cardiff, Caer-dydd, supplied under British auspices with an ornate formal centre of government. After independence the Welsh determined that their new capital, like the republic itself, would contain nothing so grandiose: it would be above all unassuming, merely a gentle adaptation of the small town which had been for so long, geographically at least, a symbolical focus of Wales.

So as we drive the short distance to the centre of the capital, looking around us with the eye of history, we shall find many a familiar survival. Even the air-rail depot is still decorated with the flower-baskets that won British Rail prizes in the 1990s, and retains as its façade the front of the old railway station, embedded into the hi-tech structures of the airport (themselves cheap and easily portable, to allow for expansion or rearrangement). The Dyfi bridge, which we glimpse to our right as we leave the depot, is the same bridge as it was in 1991, on the same site as the medieval ford, with the same cluster of cottages around it. Outside the police station stand a couple of homely Skodas. The Glyndŵr Hotel, Heol Pen'r-allt, declares itself to be Under New Management. The War Memorial has an extra plaque upon it, remembering those Machynlleth men who volunteered to serve in the fortunately aborted War of Liberation, and including five Joneses, four Williamses, two Suens and a Waseem.

Cornelia Mary's almshouses are still there, and have been turned into grace-and-favour residences at the disposal of the Republic (occupied at this moment, our official cicerone tells us, by three poets, a bridge engineer, a former governor of the Bank of Wales, Banc Cymru, and the nonagenarian first Ambassador to the United States). St Peter's, now elevated to the status of a cathedral, flies a bright episcopal flag from its tower. In the window of the Royal House men's-wear shop dummies display an assortment of Bardic robes. The Tabernacle announces a recital of computerized harp and organ music from the Rhondda.

Heol Maen-gwyn being now permanently closed to all motor traffic, we drive down the central underpass, swing into the car park that lies under almost the whole of the town, and take the direct elevator to the Wynnstay Arms. Tired as we are, we choose one of the more modest suites, confirm that the air-conditioning is working properly and that the video-fax is on-line, order a bottle of Cwm Einion '22 and a plate of Abermo prawns, and settle for an early night. Tomorrow will be a demanding day.

But first we throw open the window and look into the famous street outside, the very focus of Wales, where the last of the market people are clearing away their stalls; and there we do find one startling change. The Londonderry clock tower is gone. Instead, there at the junction of the roads, raised on a high rough pedestal, veiled in evening shadow now but unmistakably sovereign, stands the Maen Llwyd.

Of course the town has grown, to accommodate the civil service, the Office of Europe, the diplomatic corps and all the miscellaneous agencies of Gweriniaeth Cymru, the Welsh Republic. To the east, beyond the International Golf Club, new residential districts now irregularly extend, replacing the long-delapidated council houses and bungalows of the 1990s. They are designed to complement the Garden Village, now listed as a historical monument, and are faced in grey or whitewashed stone. There are clusters of new cottages, too, down at Derwen-las, where the in-shore fishermen prefer to live near their boats, and a technological community has grown up around the windmill farm, attracting many computer people, and nurturing a species of brainy juveniles known at Ysgol Bro Ddyfi as Plant Ynni, Energy Children.

But when in the morning we stroll out after breakfast we find that the centre of the place, clock tower or no clock tower, looks just like a market town still. Naturally there are flags everywhere, the Red Dragon of the Republic, Europe's thirty-four gold stars on their blue background, and brass plates announce the presence here and there of government offices or missions. The Principle of Simplicity, however, has meant that everything is kept small and unobtrusive, and nothing has been heedlessly demolished. The nearest thing to a mall remains Heol Maen-gwyn, and even there the rights of the market stallholders have been repeatedly confirmed by law, and give the Wednesday market priority over all other events. Nevertheless most of the chief institutions of the little State have somehow been inserted into the buildings that line the street.

The Prime Minister, Y Prif Weinidog, has his offices in the so-called Parliament House of Owain Glyndŵr, and a couple of guards lounge outside it night and day. The Foreign Minister is in the half-timbered house, dated 1605, higher up the street. The Public Service Ministry long ago took over half a dozen shops and houses on the south side (including Collectibles the novelty shop, and a couple of potters), retaining their façades but converting their interiors into computerized offices. The Jefferson Library, named after the greatest of Welsh Americans, houses the political collections of the National Library at Aberystwyth, and is in the former County Library: on its lawn stands the glorious bronze figure of Owain Glyndŵr, shown symbolically unveiling an empty throne, which was erected there in the 1990s. The Defence Department occupies the old cadet corps drill hall, and on the site of the Community Hall, propitiously beside the white quartz stones, the Europe Office has built itself a small but handsome headquarters in the Modernist Revival style.

Naturally the President, Ein Lliw, occupies Plas Machynlleth, the old mansion of the Londonderrys. Its ornamental gates are now magnificently re-embellished with dragons, and the house itself has been restored to splendour. The park is truly a park once more, dignified with the 700 broad-leafed trees, now in their prime, which were planted in 1991 to celebrate the town's 700th anniversary (by a custom that already seems hoary the park rangers are always retired Aberdyfi pilots, the maritime tradition of Wales being assiduously cherished by the Republic). Inside the house the Glyndŵr pictures are still on the walls; here and there too portraits of now unidentified swells, left behind so long ago by the Londonderrys, have been sentimentally retained.

The Plas was never a very large house, and it has grown smaller since its elevation to presidential status, many of its rambling out-buildings having been demolished. It is painted a brilliant white, however, with the red dragon flag above its chimneys, and the presidential crest (Owain Glyndŵr's seal) upon its balcony, and it looks out across its finely slated forecourt with considerable style. On a fine morning like ours, when the place is full of life, guards strolling the yard, visitors coming and going, radio music from a window somewhere, perhaps the whine of a vacuum cleaner and the hum of lawn-mowers – when the day is right and the household is all abuzz, there is something at once homely, spirited and gentlemanly about the palace of the President of Wales.

We have come to Machynlleth at an uncharacteristic time, when the whole town buzzes with festive anticipation, the pubs are full and noisy and the pavements are crowded with visitors. It cannot be said that this is normally an exciting capital; prominent among the political aphorisms inscribed on the walls of the Jefferson Library is one attributed to the English statesman Lord Melbourne: 'Be easy. I like an easy man.' Today the times are tough (the Eurocurrency is at a record low), but even financial crises raise the blood-pressure more immediately down in Cardiff, where the bankers and the brokers are. Most strangers in Machynlleth nowadays are impressed, as they are meant to be, by its mixed air of the amiable, the serene and the merry. Echoing its American predecessor, the Constitution specifies merriment as a public right, a clause repeatedly quoted in the courts in actions to restrict the interference of the bureaucracy – for as one of the best-known Welsh advocates said in a classic dictum, *dwfn yw'r bwlch rhwng ffurffioldeb a chwerthin*, 'deep is the gulf between form and laughter'.

Wales is essentially a centrifugal State, in the Celtic tradition, and its national institutions are lightly laid upon the ground. The Republican Assembly indeed, the supreme arbiter of the State, is actually nomadic. From the start it was integrated with the National Eisteddfod, Yr Eisteddfod Genedlaethol, which had for so many years carried the main public burden of proclaiming the nation's identity, often in the face of mockery from Welsh people and foreigners alike. The twin bodies are now more normally known simply as Y Cyfarfod, The Meeting, and gather in alternate years in north and south Wales, at different sites for each session. Permanent parliamentary committees meet normally in Machynlleth, but only once in every ten years does Y Cyfarfod gather on Maes Mawr, the former flood-meadows between the town and the river.

Yet modest though it is, Machynlleth is a true international capital, and dispersed around it are the embassies and high commissions of the Powers. Some have rescued country houses from their tourist degradation, some are in small premises within the town. The Irish occupy the former Brigands Inn at Mallwyd to the north, part of which they run as a diplomatic saloon (draught Guinness and folk music). The English long ago acquired Mathafarn, that ancient seat of *uchelwyr*, and live in squirely fashion amidst tactfully acquired relics of Welsh poets and noblemen. The Americans commissioned the architect I. M. Pei, at the end of his career, to build the smallest of their embassies anywhere in the world, a white shell-like structure in the hills above Derwen-las, where their ambassador is traditionally a distinguished littérateur (the first having been the aged Gore Vidal).

The presence of all these foreigners, and the constant coming and going of visitors from the rest of Europe, means that Machynlleth has become an extremely cosmopolitan town. All over the world the Principle of Simplicity has become synonymous not only with political decency, but with the name of Wales itself, and to libertarians of all kinds, ecological activists, Green politicians everywhere, social idealists, agnostics, eccentrics and plain individualists, Machynlleth is a place of pilgrimage. At any one time, it is said, rather more than half of its residents are foreigners, and its social fulcrum is the Diplomatic Club, a long low building of dressed stone and glass which stands on the banks of the Dyfi a few miles below the town. Founded by a committee of accredited diplomats soon after the turn of the century, when Machynlleth must have seemed a fairly bleak posting, the club has always opened its doors to Welsh people as well, and long ago acquired such a reputation for stimulating company, good food and insider knowledge that it is now internationally celebrated. There is almost no day of the year when you will not see, beneath the parasols of the riverside terrace, or beside the great wood fires of the bar, men and women whose faces are known everywhere, together with Welsh politicians, landowners from the surrounding farms, the headmaster of Ysgol Bro Ddyfi, perhaps, the chairman of Y Tabernacl, the conductor of the National Opera, a particularly successful scrum-half or the reigning poet laureate.

Inevitably styles and standards in general have been modified by all this. The old newsagent's, Siop Gornel, for instance, has been developed into a fine multi-lingual bookshop and record store (this year's Prix Goncourt winner, we note, is advertised largely in its windows, and the celebrated Turkish rock group Tislamak is doing a signing session this afternoon). Remember the Quarry Shop Wholefood Café, with its herb teas and its quiches? Today it is the Brasseria Taruschio, named for the real father of the Cuisine Cymreig, Franco Taruschio of the legendary Walnut Tree at Llanddewi Skirrid, and known familiarly as Franco's: it is famous for its salmon with rhubarb, salted duck with gooseberries, ginger and watercress, sea bass and Abermo prawns, and its glassed terrace on the pavement of Heol Maen-gwyn is a

national rendezvous. The former Leisure Centre now in-
cludes, in its bridged structures across the Aberystwyth
road, the opera house, the theatre, an art gallery and a
complex of cinemas – none of them large, all of them
economically elegant: companies from all over Europe per-
form there, and nobody has forgotten that the great Italian
tenor Pavarotti chose it for his farewell performance of
*Turandot* ('To express my gratitude, and that of artists
everywhere, for the Principle of Simplicity').

Nevertheless we may feel as we join the meandering crowds,
or try the Taruschio cappuccino, that more than most
capitals Machynlleth is a true paradigm of its nation. This
little town could still be nowhere else but Wales. At a time
when frontiers everywhere are dissolving, when patriotisms
are being subsumed in wider loyalties, when so much of
history is being discarded as harmfully habit-forming, the
Welsh are as fervent as ever in their national convictions.
The susceptible visitor, the relieved diplomat lately posted
here from Burundi or El Salvador, may feel Wales to be a
kind of Utopia: a country that is still itself, a country of
family size, as it were, its historical aspirations achieved at
last, at peace with its neighbours, enthusiastically European,
respected and influential in its associations, basing its affairs
upon a Declaration of Principles that is universally admired
and envied.

In many ways Wales does seem to have found solutions
to the political and social problems that have plagued so
many of its peers. For much of the twentieth century Switzer-
land appeared miraculously to have evaded the world's
tragedies, as though its people had discovered some recon-
dite recipe of success; now it seems to many that the Welsh

device of calculated innocence, within the framework of political liberty and a gently retrained capitalism, may be the winning formula of our own time. So much dross has been discarded here, and in theory at least so much hypocrisy has been discredited, that to some observers it suggests the American Republic in the first days of its Jeffersonian vision. Everything about the Welsh system is clear, frank and essentially logical, except only its acceptance of that antique political instrument, the nation-State – and even that the Welsh have willingly modified, to meet Europe's federal requirements.

Although place-names have all reverted to their Welsh originals, for the moment the Republic is officially bilingual, in Welsh and in English, Saesneg. Theoretically any function, public or private, can be pursued in either language. In practice Cymraeg has long since established itself as dominant. For a time Anglo-Welsh diehards continued to use English, particularly in letters to editors, but gradually they were laughed out of court – 'Loyal English-speaker of Cowbridge' became a national figure of fun. Today English in any official capacity is an archaism. Several generations of Welsh people have used Welsh as their medium of education, and it is many years since English was to be heard habitually in the playground of Ysgol Bro Ddyfi. Everyone understands Saesneg – together with German it is a compulsory subject in all schools, and by the nature of things Wales is still flooded with books, newspapers, radio and television programmes from over the border: but since bilingualism as a government policy is expensive to maintain, every seven years there is a referendum to decide if it still necessary, and each decade the majority in favour of its retention declines. (Welsh delegates to the European

Parliament, though, unlike their Basque, Catalan or Faroese colleagues, do not always insist on simultaneous translation from their own language, but if it seems expedient are perfectly happy to speak in German, French, English, Spanish or Breton – for it is a well-attested fact that the bilingual nature of Welsh society has produced a nation of linguists.)

Wales is a poor country, recognizes the fact, and does not strain towards national grandeur. It lives by its agriculture, its internationally financed light industries, its cooperatively owned steel and coal industries, its shipping, its oil refineries, its energy resources and increasingly by its varied services – Caerdydd is one of the busiest insurance centres in Europe, Llanwrtyd Wells has been called the new Marienbad. There is no pomp to this unassuming State. The President lives less magnificently in his Plas than the Londonderrys ever did, and there are no parades or ambassadorial presentations. Important visitors are met by taxis, when they arrive at the airport, and they often find themselves put up at bed-and-breakfast places. The parliamentary ceremonial is provided by the antique rituals of the National Eisteddfod, unchanged since their invention in the early nineteenth century, and The Meeting every tenth year provides enough spectacle and pageantry to last a lifetime. How fortunate then that we are in Machynlleth for one of its great anniversarial sessions!

The capitals of other Republics, as they prepare for days of public display, are often full of bemedalled officers, military bands, even tanks lining up for drive-pasts, or mobile missiles. Not Machynlleth. We see no plumes or weaponry in the streets of this capital, as the moment of ceremony approaches.

In principle Wales is a pacifist Republic, but just as Marx allowed for the existence of the State until its inevitable withering, so the Fathers of the Welsh Constitution recognized the need, in the present imperfect condition of humanity, for armed forces. Every seven years a referendum is held to decide whether the time has come to abolish them, but so far a large majority has voted in favour of their retention (people need the jobs). However the volunteer Welsh defence force, Plant Owain, is anything but exhibitionist. Its soldiers wear khaki fatigues and rubber-soled boots, normally carry no arms, and are trained only in guerrilla warfare and in anti-terrorist techniques, which they have mastered to such a degree that they are in demand as instructors all over the world – a profitable economic asset for the Republic. Visitors used to be surprised at the casual and apparently unregimental postures of the guards outside the palace and the Prime Minister's office. By now their deceptively stylized easiness has become one of the best-known hallmarks of the State, and foreign eminences have long since learnt that they need have no fears in Machynlleth: if a visiting King, President or Prime Minister is especially vulnerable to assassins, Plant Owain instantly abandon their apparent languor, reveal the intense professionalism that it disguises and hustle him about town at breakneck speed and with a chilling show of ferocity, almost as though they are hijacking him themselves.

We may see a couple of patrol boats down on the river, and the Republic has half a dozen helicopters for transport and rescue work. At noon we shall hear the signal gun fired from the old Roman watchpost of Yr Wylfa – Wales' daily tribute to the memory of all its soldiers killed in war. For the rest, the Republic maintains no military posture at all, and is formally neutral in foreign policy. Nor does it have any intelligence services, and its diplomatic service (often maintained in cooperation with the Scots and the Irish) is minimal. Since the dissolution of the United Kingdom the money saved in this way has been devoted by special jurisdiction (Newid y Galon, the Change of Heart) entirely to social services. These are certainly not lavish, but they are of consistent quality, embracing the latest European practices. The health service in particular, which offers completely free treatment and medicine of all kinds, is considered among the world's best: there being no private medicine in Wales, its doctors, surgeons and nurses include many people who have come from abroad in the belief that here they can honour the Hippocratic oath more absolutely.

The Republic welcomes them. Welsh immigration laws are at once tough and liberal. They are tough because there are strict entry quotas – numerical, professional, ethnic and of age. They are liberal because once an applicant is admitted citizenship is instant, subject only to a commitment to learn the Welsh language. The legislation called Y Dewis Mawr, The Great Choice, was promulgated at the time of independence, and decrees that those who declare themselves Welsh, and who are prepared to honour the Welsh language and culture, *are* Welsh. It has not, however, made for mass immigration. The language proviso is so demandingly enforced, by repeated examination, and the standard of living in Wales is relatively so simple, that the old flow of settlers has long since dried up. And since Wales is a founder-member of the European League of Neutrals – a league, mostly of former minority nations, which is immensely influential within the federation – these arrangements have long been internationally sanctioned, and copied by republics as varied as the Flemish and the Latvian.

The legal code itself, Cyfraith y Rhyddhad, the Law of the Release, was formulated from scratch at the time of independence, and has its highest court in the Royal House, behind the clothes shop. The entire body of English Common Law was swept away at a stroke, all precedents were abandoned, and a system consciously recalling the medieval laws of Hywel Dda was drawn up instead. In criminal as in civil matters, the guiding principle of the code is that of contract. Citizenship implies a contract to keep faith and keep the peace: breaching it is breaking the law, and must be paid for by cash payment, by service to the community or in extreme cases by punishment. Reconciliation is the first aim, compensation the second; the principle of revenge is abhorred, and judges are essentially arbiters between claimants.

Like all else in Wales, the law has been stripped entirely of its old English conventions – no wigs or tabs, no M'Luds or Your Honours. Judges and magistrates are casually dressed, sit at the same level as accused and witnesses, and treat them as equals. No bullying interrogations are allowed. Most judgements require the payment of compensation to the aggrieved, or to relatives, together with public service of one kind or another: most of the garbage collection, road maintenance and sewage work is done by miscreants under sentence. The one prison in Wales, the former monastery on Caldey Island, is run as a hospital, it being accepted as axiomatic in Welsh law that habitual violence is a form of mental sickness. 'The first purpose of the Law', says the Welsh code, 'is not to punish the bad, but to encourage the good.'

The Welsh bureaucracy is equally humanitarian. Not only is every office and every record accessible to anyone, but strict rules prevent any obfuscation in the language of government. It is couched in the clearest idiomatic Welsh, the most straightforward English, and a permanent committee of writers and journalists must approve all public documents (meaning, critics complain, that government intentions are certainly clear, but sometimes too racily expressed: for instance as the latest Income Tax demands say, *Peidiwch â thalu mwy nag sydd raid, neno'r dyn*, 'For God's sake don't pay more than you have to . . .'). Educational methods, too, are down-to-earth. There is an old-fashioned emphasis on the three Rs, taught by a combination of rote and computer, science and foreign languages are compulsory for all, and the history syllabus is simple but wide-ranging: local history in the first years of schooling, then Welsh history, then European history, and in the final years, the history of the world.

Wales is a secular State. There are Episcopalian and Catholic archbishops (the one with his seat at Tŷ Ddewi, St David's, the other at Usk, scene of the Catholic martyrdoms of the sixteenth century), and all the Nonconformist sects survive, not to mention Mormons, Muslims, Jews, Sikhs, Hindus and diverse charismatic cults. There is however no official religion, and the conscience of the Republic, as its Constitution decrees, is provided by the media. This runs the gamut from the most vulgar to the most dignified, from the scurrilous tabloid (*Lol*, 'Nonsense') and the most outrageous TV programme (*Graffiti*), to the almost too respectable Darlledu Cymru, the public-service broadcasting channel. Towering above them all as unchallenged arbiter of the nation's values is *Cymru*, 'Wales', the bilingual daily paper which came into existence with the Republic itself, and whose governing trust includes well-known people from all walks of life and all political views. *Cymru* is nowadays printed simultaneously in Caerdydd, London, Brussels and Berlin, but it is edited still, as it always has been, in its original somewhat makeshift offices beside the Machynlleth railway station. Its influence and its reputation have brought many of the best Welsh intellects to work for it, and many distinguished foreigners too. *Cymru*'s international circulation and advertising has made it rich; with its corps of correspondents around the world, its columnists contributing from all parts of Europe, its reciprocal arrangements with many of the world's leading newspapers, it can claim to be the most powerful institution in Wales, and very possibly the best.

Does it all sound too good to be true, we may wonder as we are shown courteously around town? Of course it does. Utopia has not been found yet, even in Wales. Our guides see themselves as successors to the praise poets of old, and the picture they have been presenting is of an ideal – of the little Republic as it is in the theory, honourably governed by the ideals of its founding fathers. In the practice, like every other democracy, it muddles through as best it can, distracted by the weaknesses and temptations that are common to all mankind, and by some that are peculiar to the Welsh.

Our patriotic informants muffle the fact, as do the history books, but the chief opposition to Welsh independence, and to the establishment of the Republic, came not from the then dominant English, but from those Welsh Loyalists who fought to the bitter end to remain part of the United Kingdom. Some of the most prominent Machynlleth families were among these: when independence was achieved at last by the Grand Referendum, and by the common sense of the Westminster Parliament, many of these incorrigibles sold their lands after a thousand years and more, and left for England, where for the rest of their lives they bitterly opposed everything the Welsh Republic did.

Even today, even in Machynlleth, loyalists of a kind remain. Some still proclaim a nostalgic allegiance to the United Kingdom, opposing the current orientation towards neutralism and Celticism, and arguing that the natural destiny of this nation is to move side by side with the English (maudlin indeed were the emotions released when long ago the Royal Welsh Fusiliers took their final goat into oblivion). Then there are people who still prefer their sons and daughters to go to Oxford, Cambridge, Bristol or Liverpool, rather than Aberystwyth, Caerdydd or Bangor. There are ostentatious subscribers to the *Independent*, rather than *Cymru* – some believing that a London paper must still necessarily be more authoritative, some because it makes them look sophisticated. And among members of the Welsh *jeunesse dorée* it is currently the smart thing to be monarchist, and modish to speak English in public – one often hears them demolishing the latest movies at the bar of Franco's, and in Caerdydd there are discos and pubs where hardly a word of Welsh is spoken.

More often, though, the loyalty of the discontents is not to lost arrangements of sovereignty, but to the kind of society the Republic has deliberately forsworn. High taxation of the rich, restrictions on commercial development, discouragement of mass tourism, a disapproval of opulence so severe that it amounts almost to sumptuary legislation – all these policies mean that Wales is not an easy place for the very affluent, the very acquisitive or the very showy. Corruptions have repeatedly muddied the progress of the Republic. There was the notorious Llanymddyfri scandal, when Republican officials ostensibly presiding over a recycling laboratory were in fact supervising a combined brothel and marijuana farm. There was the almost farcical scam in which the Finance Minister acquired personal control of a dubious bank in the Cayman Islands. One development company after another has been discovered in collusion with crooked planning officials, and it was long whispered that the editor of *Cymru* himself had dishonestly benefitted from inside knowledge of the Aberdyfi harbour expansion – certainly he resigned soon afterwards, and went to live on the Ukrainian Riviera. More than one well-known bank manager has been spotted, at one time or another, clad in denim overalls and spiking litter in the park of the Presidential palace.

Of course Wales does not work properly – what democracy ever did? North is still often at odds with South. Centralists squabble with regionalists. Monetarists demand the privatization of the Bank of Wales, the transport services, the university and even Plant Owain. There are frequent calls for the revival of trade unionism. And within the government's tourist department, especially, one often feels that the national aspirations are less than whole-heartedly honoured: since Welsh tourism is aimed specifically at a wealthy and sophisticated foreign clientele, there are always dissidents in the department to argue for more luxury, grander hotels and a less austere devotion to ideals (although in fact it is precisely the carefully cherished naivety of Wales that has made it one of Europe's most lucrative tourist markets).

But there, the Welsh character has not changed (nor has the climate, by the way, despite wild claims to the contrary by over-zealous propagandists) and the national gift of flamboyance, especially in the south, does not always sit easily with the Principle of Simplicity. I doubt if any public document has ever been so thoroughly and wittily satirized as the Welsh Declaration of Principles, and nobody in the Republic is immune to the laughter and gossip of *Lol*, whose special Cyfarfod issues have become collectors' items. Fortunately the need for humour is itself constitutionally predicated, and there long ago crept into the style of Welsh politicians a kind of mannered self-mockery – part of the rhetorical order, like the traditions of Kabuki theatre in Japan, or perhaps the sanctimony that greases the accents of English television presenters when they refer to royalty. In many ways the traditions of the Welsh chapels have been inherited by the Welsh Assembly. A theatrical populism is one of them, and another is the ability to invest politics with a special tone of voice, long accepted as a kind of theological obeisance to the tastes of the founding fathers.

So a readiness to be derided is a prerequisite of political success in Wales, and a good thing too: for the truth is that though there is much to admire in the Welsh Republic, there is much to be laughed at too.

Certainly Machynlleth is full of humour on this, its great day of celebration. All the officious bustle of Y Cyfarfod is balanced by the light-hearted responses of the people. Poets are at large again in Wales, satirists are two a ceiniog, and the young Welsh are wonderfully adept at puncturing pomposities. Subversive broadsheets are touted around the pubs. The tents and stalls of Yr Ŵyl Arall, the Fringe as it were of

Y Cyfarfod, have overwhelmed the greens of the golf course. Down Heol Maen-gwyn hilarious cartoons of all the national bigwigs are plastered on hoardings and sprayed on walls.

The grand focus of the occasion is Maes Mawr, the Great Field. There the Cyfarfod's immense red inflatable pavilion, one of the most famous objects in Wales (it appears on the $W20 stamp), has been brought by barge up the river and erected with flags, pennants and humming generator vans, rather like a circus marquee, in the very centre of the Maes. Above it are the discs and aerials that keep it in contact with the offices of government and with the Confederation institutions on the continent. The underground car park extends beneath the Maes, so that the field itself is entirely free of traffic, and all around it bright tents and pavilions are closely ranked, with their own flags and gilded emblems, their booths and banks and cafés. Half of them are in attendance upon the Assembly, half upon the Eisteddfod, but they freely overlap: everyone knows everyone else in this small nation, littérateurs are often delegates too, and politics and arts are so closely interwoven that there feels nothing odd to their alliance – the President of the Republic is ex officio Archdruid of Wales too.

The opening ceremony, for Assembly and for Eisteddfod alike, is performed by Ein Llyw in his dual capacities, and it is for this, the great moment of every Machynlleth decade, that we now hasten to the Maes ourselves, emerging by elevator from the car park into the wide open space before the pavilion. A scene of tumult greets us – noise and movement everywhere, music, shouting, friends greeting one another, bards assembling in their robes of green and white, groups of harpers, ranked trumpeters, children with flowers, members of the Assembly wearing their gold badges of office, rather too much litter already, a good deal of mud (for it rained all night) and a regrettable smell of beer. In the river the in-shore fishing fleet is dressed overall in red, green and white. A helicopter hovers above, trailing beneath it a huge red dragon flag. There is a flourish of trumpets, a roll of drums, and as the noon gun fires from Yr Wylfa the President of the Republic, druidically robed, emerges from the pavilion and mounts the high dais outside. All the noise and movement is instantly stilled, and after a moment of hush the ceremony begins. The massed harps gently play. The children dance with their flowers. The television lights blaze down from their gantries. All Machynlleth, all Wales looks to Maes Mawr – and half Europe too, for the opening of Y Cyfarfod commands a regular overseas television audience second only to that of the Last Night of the Proms.

It is a moment full of allusion. For older Welsh people it stands, above all, recognizably in the grand old tradition of the National Eisteddfod – its rituals are much the same, and much of the Eisteddfod spirit has been subsumed into that of the Assembly. For younger people, though, brought up in the full consciousness of national independence, it is like a re-enactment of the moment when Owain Glyndŵr crowned himself Prince of Wales – especially when, every tenth year, Y Cyfarfod happens here in Machynlleth, and more especially still when one of its great anniversaries is being celebrated. The shacks and canvas shelters of 1404 are the multi-coloured nylon tents and trailers of today. The songs of the fifteenth century are the folk-cum-classical ballads that the young Welsh have by now made peculiarly their own. The men who sold chunks of venison around the Maen Llwyd are today's sellers of hot dogs and crêpes. The vagabond bards then are the satirical buskers now. Harps sound still, poetry is still declaimed.

Then as now the delegates of all the nation are assembled for the event, together with ambassadors from abroad, and when at the gun's sound the President appears above them, holding half-drawn the great Sword of Peace, consciously in the minds of thousands Glyndŵr himself stands there. It is the old challenge of the Eisteddfod that Ein Lliw offers first. '*A oes Heddwch?*' 'Is there Peace?' '*Heddwch!*' roars the crowd in reply, and solemnly the sword is replaced in its scabbard. But then he asks a still older question, holding this time his two bare hands above him. '*A oes Undod?*' he asks this time – and as the cry comes back – '*Undod! Undod!*' – as the President slowly clasps his hands above his head, as the drums roll and the trumpets blare, inevitably we remember the example so long before, so close at hand, of Glyndŵr placing his own crown upon his head, to the same drums and trumpets, and the same mighty acclamation of the people.

The festival lasts for a week, before the Eisteddfod disperses, and the Assembly settles down for a session of hard work. During that week Machynlleth becomes one of the most truly spectacular of all capitals. The Maes itself is dramatic enough, with the huge red pavilion a blaze of light each night, but more strikingly still, on the hills all around the town smaller pavilions arise – on Yr Wylfa and Gallt y Gog, beyond the river, on the high ground commanding the eastern road and the Dyfi bridge. Some are for chamber-music concerts, some for rock performances, some for poetry competitions, and in the pavilion on Yr Wylfa, the highest of them all, the Elder of the Assembly entertains his guests during Eisteddfod week. All are floodlit when night falls, and with the great glow from Maes Mawr they make Machynlleth look like a town defiantly under siege, guarded by its sentinels all around – an impression heightened, many people think, when as generally happens the scene is veiled in drizzle, the hill-top pavilions appear indistinctly through the mist, and down on the Maes the Bards of the Two Orders, the Honourable Delegates, harpers, journalists, diplomats and all are obliged to slosh about in gumboots.

It is a fine and inspiriting affair, greatly enjoyed by everyone, and seems to speak of an enviable national contentment. How long will that contentment last, we may wonder as we return to the hotel? Wales' enthusiastic commitment to Europe was rooted, as it were, in reflex. The Republic's founders supposed that by leap-frogging London, and recognizing superior authority only in Europe as a whole, they would at last escape from the cultural, economic and political dominance of the kingdom next door. Now, instead of an age-old infliction they well understood, they are subject to a maelstrom of conflicting interests and ambitions within the European community – big members against small, this minority nation jealous of that, ancient antipathies surfacing in new forms, or half-concealed beneath contemporary passions. There is no pretending that the Welsh have as much in common with the Greeks, say, as they have with the English – there is, after all, scarcely a Welsh family without English blood in its veins, and relatives over the border.

Still, so far, so good, and perhaps it may be said that the Welsh historical experience has given this small country paradoxical advantages in the twenty-first century. In a sort of permanent shrine on Maes Mawr there is a replica of the Declaration of Principles, to which every school party is taken, and every foreign visitor. Mounted beside it is a Recitation of History, Adroddiad Hanes, and there one may see the historical bases upon which the Welsh Republic rests. It is not exactly a record of historical fact, more a philosophical statement, and in classical Welsh (and elegant English, said to have been contributed by the late Roy Jenkins after his return to Wales), it lists the formative events which, in the official view, have made the nation what it is.

The Recitation begins with the proposition that Wales, uniquely among the nations, was a trustee for ancient Rome: only in this small corner of Europe was the civilizing presence of Rome never overlaid by heathen barbarism – no Saxons, Jutes or Angles ever conquered Wales, and here Christianity was never extinguished. It is upon this fact, the Recitation suggests, that the whole character of Wales has depended. Although, like many another small people of Europe, for many centuries the Welsh were subject to the will of an alien State, fortified by their classical heritage they were never overcome. Despite the overwhelming proximity of one of the world's supreme powers, Wales somehow remained itself throughout, retaining an identity though unprotected by frontiers, retaining a language despite all the colossal pressures of English, defying all hazards, ignoring all rebuffs, and so resiliently weathering all storms that when at last the opportunity of independence came, the national genius was ready and able to seize it.

There is truth to this romantically simplistic interpretation. Perhaps it really was some folk-confidence from the remotest past, coupled with the long experience of resistance, that enabled Wales to fulfil itself as a Republic when the time came. Certainly the Welsh have unsurpassed expertise in all the techniques of minority nationhood, the evasions and subterfuges necessary to maintain a language and a culture, the devices of patriotism by which a sense of community is maintained. With this hard-won experience at its disposal, for the moment at least the Republic of Wales seems to feel secure in its sovereignty. Among its peers in the League of Neutrals its prestige is high and its advice potent. Its diplomacy is relished everywhere for its mixture of charm and cunning. A Welsh statesman has not yet occupied the palace of the European Presidency at Potsdam, but all Europe looks forward to the day when one will, knowing that his will be a term of office full of fun and originality.

It is no wonder then that Machynlleth, however shaky the state of the national finances, however disgraceful the latest scandal concerning the Vice-Chancellor of the University and the recent share offer from Computer Cymreig plc, however maliciously entertaining *Lol*'s latest revelations about the President's fondness for a certain barmaid at the Diplomatic Club – however egregious the faults of the little State, it is no wonder that Machynlleth today exudes an unmistakable air of pride.

If there is one property that Welsh people possess beyond all others, it is perhaps a sense of place, incorporating as it does a sense of time too: and it is this rootedness, the intimate alliance between a people and its setting, embraced in a language, relieved by humour and enlivened by all the human frailties, that makes Machynlleth what it is. Long ago some young bloods, at the height of Eisteddfod week, lasered a comical face upon the hulk of the Maen Llwyd – the very centrepiece of the capital, and even of the Republic.

It shows distinctly at certain times of day, when the light is right, and for years there used to be angry questions about it at the Cyfarfod ('disgraceful affront to our heritage and traditions', 'appalling tendency to vandalism among our young people'). Attempts to obliterate it never succeeded, though, and if tomorrow morning we look out of our hotel window again, when the early sun is on the stone, we shall see that the old megalith is surveying its capital and its nation with an unmistakable expression of wry amusement.

The act of cheerful iconoclasm has itself become part of the Welsh heritage: there is to be a referendum soon (Penderfyniad yr Wyneb, the Decision of the Face) to decide whether or not to add the mocking smile to the representation of Maen Llwyd which is the official emblem of the City of Machynlleth.

# Epilogue

My pictures have all been in the mind – the Present, perhaps, as much as the Past and the Future. To many who travel through Machynlleth, as I write, it seems an unexceptional place. It is just another small Welsh market town, to be glimpsed on the way to the seaside, or stopped in briefly for a cup of coffee or a not very brilliant lunch. English people detect the usual Welsh sillinesses – the damned language pointedly spoken when they enter a shop, road signs apparently designed to confuse them, graffiti they can't understand but which are sure to express footling political grievances. Few indeed have previously heard of Owain Glyndŵr, except perhaps spelt the proper English way in Shakespeare, and among those who take the time to visit the museum at his Parliament House there are bound to be some to complain about the unnecessary prolongation of resentments – 'It's ancient history, isn't it? Why don't they forgive and forget? We have!' Doubtless fewer still could conceive of the place, even in fiction, as capital of a modern sovereign republic.

But as you and I know, Machynlleth is full of ghosts and fancies. Like Wales itself, it is a complex little place at heart, enmeshed in its history and its aspirations. Whether or not it was as I have supposed it in Owain's day, whether it will ever fulfil itself in such an improbable future as I have imagined for it, whether Machynlleth is really as I myself see it today – whatever the truth about it, embodied in its presence, latitude 52.35 north, longitude 3.51 west, are wider and deeper meanings than the stranger might recognize: for here as everywhere, but especially perhaps in Wales, past, present and future are in permanent Triad.

*Y Tri Phrif*
*Ddychymyg ym Machynlleth:*
*Y Gorffennol*
*Y Presennol*
*Y Dyfodol*


*Three Chief Things*
*to Imagine in Machynlleth:*
*The Past*
*The Present*
*The Future*

# Y TRIAWD

# Rhagair

O'r lloeren fry uwchben difyrrwch byd, mae mynydd-dir Cymru'n debyg i ryw staen oel cochlyd yn treiglo o'r Gogledd i'r De. Mae ambell strempen yn nes draw, ac mae rhyw glytiau glas yma ac acw ar ei hyd, ond fel arall mae o fwy neu lai'n ddi-fwlch. Gwyllt ac anghyfannedd ydi'r tirlun, a dim ond dyrnaid o drefi bychain sydd i'w gweld ar wasgar hyd y tir uchel. Ond 52 gradd a 35 o funudau i'r gogledd, dyna lwybyr drwy'r bryniau, yn cychwyn ar wastadeddau'r ffin, ac yn darfod wrth Fae Ceredigion, yn rhwyg yn y lan, fel bachyn peg pabell. Mae o'n weddol wastad, ac yn fyr iawn – llai na hanner can milltir ar draws Cymru, o Loegr at y môr – ac mae o'n cynnig ffordd ddidramgwydd drwy'r ucheldir.

Ac i'r sawl a fynno lywodraethu Cymru, neu ddeall ystyr Cymru, hyd yn oed, yr hafn hon ydi'r allwedd erioed. Yn un pen, afon Hafren yn ei chychwyn hi am Loegr sy'n ei ffurfio hi. Ac yn y pen arall, genau afon Dyfi yn llifo i fôr Iwerddon. Rhwng ei deupen mae nifer o nentydd llai yn rhedeg ffordd hyn a ffordd draw i hwyluso'i hynt.

Oherwydd hen hen ryd hwylus dros Hafren, heb fod yn bell o lle mae'r ffin heddiw, hon oedd y ffordd gynta' a rhwydda' ar draws y canolbarth. Mi ddaeth llwythau crwydrol, a lluoedd ysbeilgar ar hyd ei llwybrau at y môr. Mi osododd y Rhufeiniaid lechi dros ei hanner hi, nes eu bod nhw'n medru teithio ar wyneb caled bob cam o Rufain i Gaersws, bron iawn cyn belled ag y medrai'r system ffyrdd

ymerodraethol fynd â nhw. Mae'r hafn yn taro Bae Ceredig-
ion bron iawn ar hanner union glan môr Cymru, ac yng
ngolwg y genedl, ffin symbolaidd ydi hi erioed, yn rhannu'r
wlad yn ddwy: yn derfyn dwy dywysogaeth, yn ffin rhwng y
Gogledd a'r De. Ar lun y lloeren, mae Cymru i gyd fel petai
hi'n hel o'i hamgylch, ac yn ei hamddiffyn â phicell Llŷn a
phastwn Pebidiog.

Ryw awran 'gymerith hi i deithio ar hyd y ffordd dynged-
fennol hon, os cewch chi rwydd hynt. A fyddwch chi fawr o
dro'n gweld *gofer* mor bwysig ydi hi ... Cychwyn yn
Nhrefaldwyn, hwyrach, filltir neu ddwy o'r rhyd dros
Hafren. Yng Nghymru mae Trefaldwyn, wrth reswm, ond
Normaniaid a'i creodd, a Seisnigaidd ydi hi hyd heddiw:
pensaernïaeth Georgeaidd, castell ar ben bryn, priordy,
tafarndai cysurus, Cymdeithas Drefol lewyrchus, a dim siw
na miw o'r heniaith. Drwy gil y drws yma, ar hyd y
canrifoedd, mae syniadau ac arferion y Sais wedi sleifio i
Gymru, ac mi ddôn' i'r fei ar hyd y ffordd i gyd.

Mwyn ydi'r wlad ffordd hyn. I'r gogledd, dacw Gadair
Idris yn sbio dan ei sgafell fawr. I'r de, dacw unigeddau
Pumlumon, yn wlyb ac yn ddiffaith. Ond porfa fras sy yma
o boptu'r A493, mwy na heb. Ar hyd y ffordd hon mae'r tai
du a gwyn Seisnig yn ymestyn ymhell i gefn gwlad Cymru,
yn debyg i ffermydd rhyw arloeswyr yn mentro i dir y
llwythau – ranshwrs y Gorllewin Gwyllt, neu ffermwyr
baco gwyn yn Zimbabwe. Yn y Drenewydd mi sefydlodd y
Saeson farchnad yn y 13eg ganrif. Yn Aberhafesb mae bedd
milwr laddwyd yng ngwasanaeth Brenin Lloegr, a chleddyf
a belt a bysbi yr hysars mewn marmor uwch ei ben. Mae'r
ffatri ddillad yng Ngharno yn enwog drwy'r gwledydd. Mae
tafarn yno hefyd o'r enw Mytton Arms, ac un arall o'r enw
Merchant of Aleppo, ac mae'r Red Lion yn cyhoeddi nad

ydi o ond '39 o filltiroedd o'r môr'. 'Cletwr' wedi'i sagmagio gan ŷ Sais ydi enw pentre Clatter, wrth reswm. Bob hyn a hyn, mi ddaw trên bach glas a gwyn heibio yn fân ac yn fuan o'r Amwythig. Ac ar hyd y bedlan, dyna'r traffig i mewn ac allan o ganolbarth Lloegr yn rwndi mawr, y faniau, y tancars petrol, a cheir yr ymwelwyr, a phypedau'n siglo yn eu ffenestri, a sticeri doniol ar eu tinau. Nid ddoe y gwnaed y ffordd hon.

Rywdro ym more'r byd, yn y fan lle mae'r hafn yn cyrraedd y foryd, ac afon Dyfi'n llifo'n igam-ogam rhwng yr ynysoedd tywodlyd tua'r môr, mi godwyd maen, hwyrach â rhyw arwyddocâd sanctaidd neu seryddol, hwyrach yn faen terfyn. Ac yno mae o byth, y Maen Llwyd. Mae o'n pwyso 11 o dunelli, ac y fo ydi'r peth hyna' yn nhre' Machynlleth, sef testun alegoraidd y llyfr hwn. Ar hyd yr oesoedd bu'r garreg yn gwylio hynt a helynt y dre' farchnad fechan o'i hamgylch, yn dyst annistryw i arwyddocâd y llecyn yn hanes Cymru.

Fu Machynlleth erioed yn ddinas fawr, wrth reswm pawb, a fydd hi byth. Mi fu Pobol y Meini'n byw yma; mae'r Cymry o gwmpas ers miloedd o flynyddoedd; mi ddaeth y Rhufeiniaid, a'i g'luo hi wedyn; mi fu'r Normaniaid yma; ond yn y drydedd ganrif ar ddeg y daeth y dre' i fod go iawn, a hynny drwy drwydded y Goron Seisnig. Lle dirodres ond prysur fu o erioed. Yn fan hyn, roedd y ffordd drwy'r bryniau yn cyfarfod y llwybrau glan-môr i'r Gogledd a'r De. Yn fan hyn, mi fedrai llongau bychain hwylio i fyny'r foryd ar dop llanw i hel cynnyrch y cefn gwlad. Mi dyfodd y dre lle'r oedd ei thair ffordd yn cyfarfod, wrth enau'r afon. Roedd ganddi borthladd bach hefyd, yn y Dderwen Las, ddwy filltir i lawr yr afon, a rhyd dros afon Dyfi filltir i'r gogledd, yn y man isa' lle'r oedd modd croesi.

Mi roes Edward y Cynta' y drwydded ym 1291 i Owain de la Pole, Arglwydd Powys, a'i bencadlys heb fod yn bell o'r ffin, yn y Trallwng. Trwydded oedd hi i gynnal marchnad ym Machynlleth bob wythnos ar Ddydd Mercher, ac ar hyd y canrifoedd, yn amlach na heb, bu llewyrch ar y dre'. Mi ddaeth hi'n dre' farchnad i ardal fawr, gyda phymtheg o ffeiriau blynyddol, nes bod holl grefftwyr yr hen economi wledig yn tyrru yno – rhaffwyr ac argraffwyr; gwneuthurwyr cychod ac olwynion a bareli; panwyr, cyfrwywyr a chlêr; cryddion a gwehyddion yn haid; teilwriaid lu. Mi fyddai 'na dwrnai neu ddau bob amser ym Machynlleth, a thelynor, siŵr o fod. Roedd cryn allforio ar blwm a llechi a chrwyn a rhisgl coed a pholion derw i rannau eraill o Brydain mewn llongau wedi eu gwneud yn y Dderwen Las – ac i rannau eraill o'r byd mewn llongau mwy a hwyliai o Aberdyfi. Mi âi gwlanennau ar wagenni i Groesoswallt neu i'r Amwythig, a defaid yn yrroedd i Lundain. Ac yn gynnar yn y 19eg ganrif, roedd pedair ar ddeg o dafarnau i bobol y farchnad gael torri eu syched. Erbyn 1834, roedd 'na goets yn cludo'r post ar hyd ffordd Amwythig; ym 1862 mi ddaeth trên cynta' Cwmni Rheilffordd y Drenewydd a Machynlleth i'r dre dan chwythu. O'r 13eg ganrif hyd yr 20fed ganrif bu'r farchnad 'ganiatawyd gan Frenin Lloegr yn mynd heb fwlch.

Mi fu tipyn o bendroni ynghylch enw Machynlleth. O ryw enw Lladin, Maglona, y daw o, meddai rhai. Llygriad ydi o o 'Maen Llwyd', meddai eraill. Ond y tebyg ydi ei fod yn tarddu o'r geiriau *ma*, 'maes, man', a *cynllaith*, 'brwydr'. Mi fu'r enw'n faen tramgwydd erioed i'r anghyfiaith, a bu sillafu bob sut arno: Maghentleyt, Mathanleth, Machenthlieth. Prun bynnag, mae o'n un o enwau mwya' adnabyddus Cymru, ac mae Machynlleth yn groeslon ac yn fan cyfarfod

erioed. Wrth y rhyd dros afon Dyfi mae Cymru'n ymrannu.
Yn fan hyn y byddai hen dywysogaethau Gwynedd, Powys
a Deheubarth yn cyfarfod, a lluoedd y Gogledd yn syllu ar
draws yr afon ar fyddinoedd y De. Yn fan hyn yr ildiodd
dilynwyr Garmon Sant i ddilynwyr Padarn Sant. Ac mi fu
Machynlleth, ar ryw adeg neu'i gilydd, yn fan cyfarfod i dri
chwmwd – Cyfeiliog, Genau'r Glyn ac Ystumanner; i dair
*gwlad* – Meirionnydd, Powys Wenwynwyn a Phenweddig; i
dair sir – Meirionnydd, Ceredigion a Threfaldwyn; ac i dair
esgobaeth – Bangor, Llanelwy a Thyddewi. Mi ddaeth pob
byddin ar gyrch heibio'r lle, a bron pob teithiwr o nod
hefyd; Harri VII ar ei ffordd i Bosworth ym 1485, a George
Borrow, ar ganol sgrifennu *Wild Wales* ym 1854, ac etifedd
gorsedd Lloegr ar ei ffordd i'w goroni'n Dywysog Cymru
ym 1911.

A thrwy'r trwch, er ei bod mor agored i ddylanwadau
estron, arhosodd Machynlleth yn Gymreig, yn ddrych i
lawer agwedd ar Gymreictod. Mi ddarfu am ei chrefftau
gwledig gyda dyfodiad y rheilffordd. Mi hwyliodd ei llongau
ola'. Mi ddaeth ei chapeli i rym, a chilio. Roedd ei byddig-
ions i'w gweld yn anorchfygol ar un adeg, ond diflannu
wnaeth y rheini hefyd. Mi aeth ei milwyr i'r rhyfel. Mi
ddaeth miloedd o Saeson i fyw yma rownd y rîl, a'u chwaeth
a'u hiaith i'w canlyn. Mi ddaeth y jygarnot fawr Eingl-
Americanaidd hithau. Ond aros yr un fath yn y bôn wnaeth
Machynlleth, gan osod ei stondinau bob bore Mercher,
ar haul a glaw, mewn heddwch a rhyfel, ar y stryd fawr
lydan, a'i henw, Heol Maengwyn, yn anrhydeddu o hyd yr
hen faen henaduraidd hwnnw.

Rhyw le arhosol iawn, ond lle ar wahân hefyd, yr wyf i'n
gweld Machynlleth heddiw. *Rheoleidd-dra*'r lle a drawodd
Samuel Lewis, y topograffydd, ar ymweliad â'r dre yn y

19eg ganrif, ac mae rhyw olwg arni fel petai'nei rhedeg ei hun o hyd. Dyna lle mae hi'n sefyll ar lan yr afon, yn feddylgar, hwyrach rhyw fymryn yn sinicaidd, gan wylio hynt a helynt y byd. Lle i'r dim, i'r sawl fynno chwilio calon Cymru, i fyfyrio, a'r ffrwyn ar war ei ddychymyg, ac yn null y Triawdwyr gynt, ar dri thirlun y cyflwr dynol: y gorffennol, y presennol a'r dyfodol.

# I

## Y GORFFENNOL

*Yn ystod blynyddoedd cynnar y 15fed ganrif, mae Owain Glyndŵr yn cynnal ei Senedd ym Machynlleth, ac yn cael ei goroni yno.*

# Y Gorffennol

Dychmygwch Gymru tua dechrau'r 15fed ganrif, yn ystod teyrnasiad Harri IV. Mae hi fel rhyw bantomeim mawr canoloeslyd wedi mynd yn rhemp. Heintiau, crocbrennau, barwniaid, taeogion, ffrygydau tylwythol, ofergoelion, rhyfeloedd a gorthrymderau, tlodi enbyd, ffyrdd yn dyllau, hen byllau baw, bleiddiaid, esgobion, y frech wen, anllythrennedd, corsydd, ymrysonau eirth, hofelau, llosgach, cestyll, daroganau, dewiniaid, myneich, ciaridỳms, clerwyr, seintiau, tylwyth teg, dihirod, uchelwyr, cŵn cynddeiriog, ffeiriau, telynorion, coedwigoedd derw heb ffordd yn y byd, alcoholiaeth, hwrod, gwylliaid, pysgotwyr, tomennydd tail, miri'r werin, rhwysg y bonedd, milgwn, gwahangleifion, baneri, hereticiaid, ceffylau, brenhinoedd a thywysogion. Ffynnu neu fadru mae pob ystrydeb ganoloesol yn y wlad fechan hon.

Mae'r cerrynt o anobaith o dan y miri yma i gyd yr un fath mwy na heb drwy Ewrop benbaladr yn oes y Pla Du a Rhyfeloedd Ffrainc. Mae hyd yn oed y Babyddiaeth wedi'i rhwygo – deubab sy bellach, un yn Rhufain ac un arall yn Avignon. Ond peth unigryw i'r cyflwr Cymreig ydi chwerwedd y werin bobol yn erbyn eu meistri. O Went i Fôn Saeson sydd, yn boen ar Gymru beunydd, a hynny ers dau gan mlynedd. Am bum canrif ar ôl i'r Rhufeiniaid gymryd y goes, bu'r Cymry'n cynnal eu cyfreithiau, a'u heglwys, a'u haith a'u harferion yn eu seintwar Gristnogol, a Lloegr wedi mynd rhwng y cŵn a'r brain paganaidd. Ond dyma'r

Normaniaid yn ysgubo drwy Loegr, a sofraniaeth Cymru'n darfod ym mlwyddyn fawr adwythig y gwynt a'r glaw, 1282. Ers hynny mae'r Cymry o dan orthrwm, rhai'n magu'r gwaradwydd yn eu calon, rhai â'u llygaid ar eu lles. Mae Brenhinoedd Lloegr yn rheoli un rhan o'r wlad, sef y Dywysogaeth, yn uniongyrchol, ac mae eu meibion hyna'n dwyn y teitl 'Tywysog Cymru'. Maen nhw'n rheoli rhan arall, sef y Mers, drwy asiantaeth o uchelwyr, mân-dywysogion, waeth ichi ddweud, y rhan fwya' ohonyn nhw'n Saeson o dras Normanaidd, ambell un – fel Owain de la Pole, neu Owain ap Gruffydd ap Gwenwynwyn yn iawn – yn uchelwr o Gymro'n gwisgo côt fain.

Ond mor ddyrys ydi'r berthynas rhwng Cymro a Sais. Cymdogion ydyn nhw, a chyfeillion ambell waith, yn ogystal â hen elynion. Mae gwaed llawer teulu bonheddig yn gymysg erbyn hyn. Mae llawer Cymro tlawd yn ei hel hi am Loegr i geisio codi mymryn uwch bawd ei sawdl. Mae myfyrwyr o Gymry'n tyrru i Rydychen, am nad oes yr un Brifysgol yn eu gwlad eu hunain. Mae swyddogion o Gymry yn gwasanaethu'r Goron Seisnig. Mi fu milwyr o Gymry'n ymladd dros y Saeson yn eu rhyfeloedd dirifedi yn erbyn y Sgotiaid a'r Gwyddyl a'r Ffrancwyr. Mae Cymry pwysig yng nghanol ymrafaelon mewnol Lloegr. Mae llawer ohonyn nhw'n bleidiol i'r carn i deulu Plantaganet, yn erbyn y Lancastriad ymhonnus, Harri IV.

Ar y llaw arall, mae cyfreithiau hil creulon yn cadw'r Cymry o dan iau'r Goron. Chân' nhw ddim byw fel rheol yn nhrefi'r cestyll, canolfannau masnach a grym y Sais. A chyfyngedig iawn ydi eu hawliau yn y bwrdeistrefi. Sais anghyfiaith ydi bron pob esgob. Sais ydi bron pob beili a siryf. Ac o dipyn i beth mae cyfraith y Sais yn disodli Cyfraith Hywel Dda, hen gyfraith y tylwyth hyd y seithfed ach. Ar bob tu, drwy Gymru i gyd, mae'r Cymry'n mynd yn genedl gaeth.

Ar ryw ystyr, mae hi'n debyg iawn i gymdeithas llawer gwlad arall o dan orthrwm, yn ystod llawer canrif i ddod. Du a gwyn ydi'r elyniaeth, ond llwyd ydi llawer man yn y canol. Ychydig iawn o Gymry sy heb ryw ddant i'r Saeson. Ac ychydig iawn o Saeson sy'n fodlon cynnwys hyd yn oed y Cymry mwya' Seisnigaidd. Mae'r hen gynnen, sy'n uno ac yn rhannu'r ddwy genedl ar un waith, yn sleifio i bob cyfathrach, a phan fydd y naill yng ngwydd y llall, bydd rhyw chwithigrwydd o hyd, a blew ar dafod. Ac, ambell waith mewn trymgwsg am genedlaethau, dro arall yn ddychryn byw, mae bygythiad gwrthryfel yn cyniwair drwy'r wlad o hyd.

Mae Machynlleth ar drothwy ei hail ganrif, yn fan cyfarfod grymoedd a dylanwadau erioed. Mae awdurdod Powys, fu gynt yn dywysogaeth Gymreig fawr, ac sy bellach yn un o arglwyddiaethau'r Mers, yn ymestyn drwy'r hafn honno yn y mynyddoedd, tua'r môr, a thros y dre'. Ond i'r gogledd ac i'r de mae siroedd y Brenin, Meirionnydd a Cheredigion. Ac yn y wlad o amgylch, mae dylanwad llawer uchelwr o Gymro hir ei achau yn dal yn fawr, a'i hawl ar ffyddlondeb ei denantiaid yn gryfach na hawl yr un arglwydd o Norman. Mae'r gymdeithas ar bigau o hyd. Mae pob sôn am newid yng Nghymru, pob si am helynt, yn cyrraedd clustiau pobol Machynlleth. Ac ar hyd nerfau'r tair priffordd, i'r gogledd, i'r de, ac i'r dwyrain, mae egni'r genedl yn tramwy.

Ond mae cyrraedd ym Machynlleth o'r bryniau coediog fel cyrraedd gwerddon neu hafan. Braf iawn gan y teithiwr canoloesol weld golwg mor ddiogel ar y lle, draw ar y tir gwastad glas cysgodol ar lan yr afon. Mae adfeilion muriau pobol Oes y Cerrig, draw i'r gogledd ar Allt y Gog, a'r hen gaer Rufeinig ar Yr Wylfa draw i'r de, yn dal yn amddiffyn-feydd hwylus. Ac ychydig filltiroedd i lawr yr afon, mae caer Rufeinig arall yn gwarchod y foryd. Yng nghanol ysglyfaethdod ac arswyd yr Oesoedd Canol, mae trigolion Machynlleth yn teimlo'n ddiogel yno. Fu hyd yn oed y Llychlynwyr ddim digon mentrus i ddod i fyny'r afon hon. Ac am ei bod yn ddiogel, mae'r dre'n ffynnu. Mae'r farchnad bob dydd Mercher yn un berw byw o brynwyr a gwerthwyr o bob cwr, ac mae bri mawr ar y tafarndai. Mae twrw o hyd ar y strydoedd, a mulod a wagenni'r Cymry'n cyrraedd hyd ffyrdd glan y môr, a marsiandïwyr a swyddogion Seisnig yn tyrru o'r Drenewydd, a Threfaldwyn, a'r Trallwng a'r Amwythig.

Yn un pen i'r dre' mae'r Maen Llwyd yn dal i sefyll ar ei gomin twmpathog, yn gysegredig o hyd ar ôl canrifoedd o Gristnogaeth. Yn y pen arall i'r dre' mae eglwys Pedr Sant o fewn corlan gron yr hen eglwys Geltaidd ddiflanedig, lle ffynnai cwlt Cybi Sant ers talwm. Rhwng y ddwy gysegrfan hyn mae'r dre' farchnad yn swatio. Cwta ddau gant o drigolion sydd, ond mae'i llond hi bob amser o ymwelwyr a theithwyr. Ar ochor y ffordd fawr lydan leidiog, Heol Maengwyn, mae dwy garreg wen, fel dau faen swyn. Mae'r stryd yn rhedeg o'r comin draw i'r gorllewin, ac ar bob tu iddi mae tai a siopau, rhai â tho gwair, rhai â tho llechi, rhai o gerrig garw heb eu trin, rhai o wiail a mwd, ac un o leia', Tŷ Mawr ar hanner y stryd, yn ddigon crand i fod â dau lawr, a ffenestri gwydyr, a iard stabl. Mi godwyd croes farchnad yn y fan lle mae Heol Maengwyn yn cyfarfod y ffyrdd glan-môr, sy'n rhedeg i'r de heibio cei Derwen Las, draw i'r gogledd at y rhyd dros afon Dyfi, y rhyd enwoca' yng Nghymru.

Dydi Machynlleth ddim heb ei chyfran hithau o ofidion yr oes – carthffosydd agored a chŵn clafrllyd, drewdod a thlodi, anwybodaeth a baw a haint. Ond o'r bryniau o amgylch, yn enwedig ar ddiwrnod marchnad, bron nad ydi'r dre' fel tre' arddangosfa, wedi'i gosod mor gydweddus draw wrth ben y foryd; y ffyrdd yn cyfarfod yn ei chanol hi, stondinau'r farchnad, y gweunydd gleision ar gwr y dre, mastiau'r llongau wrth y cei. Mae'r mwg llwydlas yn codi dros ben y toeau, a dyna guro gyrdd, a gwrid tân mewn drws efail, a gweiddi hebogwyr, a thwrw carnau, a murmur lleisiau yn hel y ffair yn ei blaen, yn clebran ac yn cwyno. Dacw'r mynyddoedd yn codi ar bob tu, eu pennau'n foel, a'u godre yn ddu gan dderw, a dacw'r afon yn llifo i ffwrdd fel sliwan, rhwng y caeau corsiog, tua'r weilgi draw o'r golwg.

Mae hi'n fyd caled – mae Ewrop i gyd mewn helynt a hanner – ond mae Machynlleth yn llawn dop dynn o bobol. Dyna'r ffermwyr yn dod â'u defaid a'u gwartheg, a'u coed a'u crwyn i'r farchnad. Dyna'r mwynwyr plwm o'r bryniau, a'r morwyr o'r llongau yn y foryd. Dyna fynaich i'r fei o abatai mawr cefn gwlad y Sistersiaid. Dyna ofaint a gwehyddion a chryddion. Dyna Meistr Ieuan, offeiriad eglwys Pedr Sant. Mi ddaw uchelwyr Dolguog a Mathafarn ar ryw neges o hyd i'r dre, ac o dro i dro mae dirprwy i Arglwydd Powys, neu hyd yn oed i Harri IV ei hun, yn cyrraedd mewn rhwysg. Mae dwy ganrif ers pan mae Machynlleth yn bod, ond mae dwy ganrif hefyd ers pan mae'r Sais yn llywodraethu.

Mae 'na draddodiadau ynghlwm wrth y lle hwn sy'n ymestyn yn ôl i'r gorffennol pell – etifeddiaeth breifat y Cymry, megis, na chaiff y Saeson mo'i rhannu. Mae'r Gymraeg ei hun yn ddigon tywyll iddyn nhw, ond daw pob mathau o ryw ddirgelion eraill i'w chanlyn. Mae yma gonsurwyr yn iacháu'r cleifion, a ffyliaid sanctaidd yn paldaruo, a dynion hysbys yn cardota, ac mae hyd yn oed Cristnogaeth Meistr Ieuan a blas yr hen eglwys Geltaidd arni. Mae llawer o bererinion yn ei hel hi dros Fae Ceredigion i Ynys Enlli, cyrchfan mor sanctaidd nes bod y Fatican wedi datgan fod tri phererindod iddi gyfwerth ag un i Rufain; ond mae llawer mwy yn cymryd y ffordd galed dros y mynydd i Landderfel, lle mae delw hud o'r Sant sy'n symud ei lygaid a'i freichiau, ac sy'n medru codi eneidiau o Uffern i'r Nefoedd. Mae ffynhonnau a choed a cherrig a nentydd iachaol yn britho'r bryniau o amgylch Machynlleth – hon at glefydau'r llygaid, nacw at anhwylderau plant, un i'r anifeiliaid, un arall yn ffynnon felltithio. Mi fydd y teithwyr yn cyffwrdd cerrig gwynion Heol Maengwyn yn swyn rhag peryglon y ffordd. A draw ar y comin, cewch weld rhai eu hunain, yn plygu i wasgu eu gwefusau'n ymbilgar ar wenithfaen persawrus y Maen Llwyd.

Mae'r uchelwyr lleol yn dal i ymddwyn fel uchelwyr, a'r genedl dan gabl ers dwy ganrif. Eu *teulu* nhw o hyd ydi eu tenantaid, eu gosgordd ydi eu gweision, a bydd helwyr a beirdd yn eu hebrwng i bob man. Mae'r gwladgarwyr yn cofio arwyr yr amser gynt yn cadw'r Saeson paganaidd draw. Onid i Ddolguog i fyny'r ffordd yr enciliodd Llywarch Hen, wedi colli pob un o'i chwe mab ar hugain, i ganu ei gerddi anfarwol? Mwy meddwol byth ydi brudio'r beirdd am ogoniant dydd a ddaw, ac am arwr cenedlaethol yn codi eto i hel y Saeson o'r wlad, ac i adfer Cyfraith Hywel a'r Heniaith i'w priod le, ac i greu Cymru sofranaidd.

Am genedlaethau, Arthur, brenin y Brython, oedd

hwnnw. Ond yn nes ymlaen, mi rowyd yr enw Owain arno. Rywdro, yn rhywle, roedd gŵr o'r enw Owain am godi ymhlith y Cymry, yn Fab Darogan. Mi fu ambell gaff gwag. Roedd Owain ap Gruffydd, Tywysog Gwynedd, yn arweinydd mawr ac yn Gymro coch cadarn, ond mi blygodd ei lin o flaen Harri IV, Brenin Lloegr. Mi hawliodd y milwr cyflog Owain Lawgoch orsedd Cymru o'i alltudiaeth yn Ffrainc, ond ddaeth o ddim nes i'r nod nag Ynysoedd y Sianel. Ond rŵan ar ddiwedd y 14fed Ganrif, a gafael yr ymhonnwr o frenin yn cryfhau ar Gymru, dyma Owain arall i'r fei: Owain Glyndŵr, o Sycharth ar ystad Cynllaith Owain wrth ymyl y ffin, sy'n codi mewn gwrthryfel yn erbyn y Goron, a'i gyhoeddi ei hun yn unig wir Dywysog Cymru, ac yn cael ei ddyrchafu yn ei dro yn waredwr y genedl. Nid anturiaethwr mohono yn unig. Mae o'n dirfeddiannwr grymus, ac oherwydd ei hanu o Dywysogion y Gogledd a'r De, y fo sydd â'r hawl orau ar orsedd Cymru i gyd.

Ymhell o Fachynlleth mae'r gwrthryfel yn cychwyn. Nid un o fwrdeistrefi Seisnig y Goron mo hon. Nid oes yma gastell cryf na siryf o Sais, na garsiwn Seisnig, a chaiff y bobol ddewis bob un ei ochor. Mae ambell hogyn gwyllt yn sleifio o'r dre' i ymuno â'r gwrthryfelwyr. Mae rhyw gerddi ymfflamychol i'w clywed yn y tafarndai. Mae llai o deithwyr yn cyrraedd y dre', a llai o ffermwyr a phorthmyn yn dod i'r farchnad. Ond fel arall, yn ystod misoedd cynta'r gwrthryfel, mae bywyd yn mynd yn ei flaen yr un fath ag erioed. Dim ond suon sydd, am sgarmes yn y mynydd, am fyddin Seisnig yn martsio, am longau o Ffrainc a milwyr o'r Alban yn cyrraedd i gefnogi'r gwrthryfelwyr, am gyfreithiau penyd llym, am ysbeilio trefi a mynachlogydd, am rwygo teuluoedd enwog ar draws Cymru i gyd.

Ond mae'r rhyfel yn nesáu bob wythnos. Ambell waith ceir cip ar filwyr o Gymry, yn denau ac yn flêr ar Heol Maengwyn, wedi dod i hel bwyd a hanfodion cyn diflannu yn eu holau i'r coedwigoedd. Ambell waith daw milwyr o Saeson ar garlam drwy'r dre'. Mae'r lle'n berwi o amheuon. Pwy sy dros Glyndŵr, a phwy sy dros y Goron? Lle mae Dolguog yn sefyll, a Mathafarn? Beth mae Meistr Ieuan yn ei feddwl? Mi ddaw'r newydd am fuddugoliaeth fawr i'r Cymry ym Mhilleth wrth ymyl y ffin, ac un arall ym Mhumlumon, llai na deng milltir o Fachynlleth. Ac mae Trefaldwyn, meddan nhw, wedi ei llosgi'n ulw. Ac wedyn mae castell Aberystwyth yn cwympo i wŷr Glyndŵr, ac ym mhen hir a hwyr mae o'n cipio castell Harlech hefyd, a'i wneud yn brif lys iddo. Erbyn y flwyddyn 1404, mae'r rhan fwya' o Gymru yn nwylo'r Cymry. Ac un diwrnod o Wanwyn, dyma'r Mab Darogan ei hun yn dod i Fachynlleth, a dyna'r dre' yn hawlio'i lle yn y Llyfr.

Mae ei filwyr yn ei ragflaenu. Yr heraldwyr a'r milwyr blaen yn dod ar garlam yn gynta', ac wedyn, gyda'u ceffylau a'u cŵn, a'u baneri arbeisiog, a wagenni eu harweinwyr, a thrwst eu harfau, a drewdod eu chwys a'u mwg a'u lledr, yn chwibianu ar y merched, yn tyrru i'r tafarnau, yn gweiddi a chanu a chwythu cyrn, mae Plant Owain yn tryforio drwy Fachynlleth fel haid o sipsiwn. Y rhain ydi hufen yr haflig milwyr sydd wedi hel y Saeson allan o'r rhan fwya' o Gymru mewn tair blynedd o ymgyrchu, ac maen nhw'n dod â newyddion syfrdanol i'r dre'. Mae Owain am ailgreu ei wlad fel Gwladwriaeth fodern. Mae ganddo fyddin eisoes, a llys a thrysorfa. A rŵan mae o am gynnal ei Senedd genedlaethol yma ar lan afon Dyfi, lle mae'r Gogledd a'r De, a'r holl draddodiadau, yn cwrdd.

Mae'r dre' bron â drysu! Mor fawr yw'r fyddin! Mor falch yw'r arweinwyr, a llwch y brwydro'n dal ar eu gwisg! Mor aruthrol yw'r achlysur! Bron nad ydi'r farchnad yn mynd ar goll yng nghanol y miri. Mae'r uchelgeisiol yn rhagweld dyrchafiad, mae'r gwyliadwrus yn ofni dial, mae'r barus yn synhwyro elw, mae'r didoreth yn barod am hwyl. Mae'r mamau'n poeni am eu merched. Mae'r rheithor yn pryderu am foesoldeb y bobol. Mae uchelwyr cefn gwlad yn holi o ddifri beth a ddaw i'w rhan, prun ai llwyddiant, ynteu gwaradwydd. Mae'r milwyr yn hel dros bob man, yn codi eu cytiau a'u pebyll ar y gweunydd, yn meddiannu tai a stafelloedd a stablau, yn gorweddian ar eu hyd ar fyrddau'r tafarnau. Mae'r stryd yn drybola o laid dan garnau ac olwynion, ac yn drewi o geffylau a chwrw a baw. Gyda'r nos mae'r dre'n llawn cyfeddach, ac yn olau gan ffaglau. Ar y bryniau, wrth y rhyd, i lawr yr afon wrth y gaer Rufeinig, wrth y cei yn y Dderwen Las, mae tanau'r gwarcheidwaid yn llosgi yn y tywyllwch. Ac ar y pumed dydd mae'r Tywysog yn cyrraedd.

Mae o'n dod dros y môr o Harlech, ar fore o wynt a phiglaw, a dyna Fachynlleth yn ei chrynswth at lan yr afon i'w gyfarch. Mae'r cyrn yn galw ar ei gilydd i fyny'r afon o Aberdyfi, ac o lan i lan. Ym mhob lle uchel, wrth bob tro yn yr afon, mae gwylwyr arfog. A dyma'r ddwy long flêr o lynges y tywysog yn palu'n bwyllog heibio'r tro ola', ac wrth ben eu mastiau (yr unig liw yn eu cylch), arwydd newydd Owain, Draig Cymru. Mae eu deciau'n wrychoedd o wŷr arfog, ac ar drwyn y llong gynta', yn ei glogyn mawr a'i helmed, mae Owain Glyndŵr ei hun yn sefyll, a'i freich-iau ymhleth, a'i goesau ar led, heb wên yn y byd, a'i gleddyf mawr wrth ei glun: mi wŷr yn iawn sut mae'r Mab Darogan i fod i edrych.

Ar y cei mae pwysigion Machynlleth a'u gwragedd i gyd yn disgwyl am gael cusanu ei fodrwy, a moesymgrymu ger ei fron. Ond eu hel nhw o'r naill du a wna Owain. Mae o'n dal yn fwy o gadfridog byddin y coed nag o dywysog. Y munud mae o'n gosod ei droed ar y lan, dyma osgordd bicellog yn gylch amdano. A dyma fo'n codi ar farch du, ac yn pydru mynd ar hyd y ffordd byllog at groes y farchnad, ac i fyny'r stryd, a haid yn benelinoedd i gyd o wŷr y llys, a milwyr a bwrdeiswyr bach prysur ar ei ôl. Ac ar y comin, ar gwr dwyreiniol y dre, yn y gwynt a'r glaw, mae o'n dod i lawr oddi ar ei geffyl, ac yn tynnu ei helmed pluog, ac yn ymgroesi, ac yn disgyn ar ei bennau gliniau o flaen y Maen Llwyd, ac yn cofleidio'r garreg gynnes fel cenedlaethau o Gymry ymbilgar o'i flaen.

Lle bynnag y bydd Owain yn mynd ym Machynlleth, bydd y lobiaid milwyr hynny amdano'n gylch, yn cadw'r dyrfa gegrwth draw. Ar wib yr ân nhw o hyd, fel rhyw gorwynt, yn ei hel o ffordd hyn a'i hel o ffordd draw, gan weiddi ar bobol am fynd o'r ffordd, a bygwth rhai sy'n llusgo'u traed â phastynau neu gleddyfau. Os bydd o'n mynd ar droed, bydd o bron iawn â rhedeg, a'i osgordd yn jogio'n agos ar bob tu iddo. Os bydd o'n mynd i dŷ, bydd o a'i wŷr yn rhuthro drwy'r drws fel petaen nhw'n cwffio ar y stryd. A phan fydd o'n rhoi gorchymyn, bydd ei lais i'w glywed yn stacato drwy'r bwrlwm. Fydd o byth yn llonydd, byth ar ei ben ei hun, a'i gadfridogion a'i swyddogion wastad ar ei ôl, a'r milwyr didostur hynny yn gylch amdano.

Dyn yn tynnu am yr hanner cant 'ma ydi o, yn llawn profiad a hyder. Yn Llundain y cafodd ei addysg. Mi fu'n ymladd dros Frenhinoedd Lloegr yn yr Alban. Mi fu'n byw bywyd uchelwr cefnog diwylliedig ar ei ystad yn Sycharth, gyda'i gapel preifat, a'i westy, a'i felin, a'i golomendy, a'i bysgodlyn, a'i barc ceirw, a'i nythfa greyrod, a'i fardd, Iolo Goch:

> *Anfynych iawn fu yno*
> *Weled na chlicied na chlo . . .*
> *Ni bydd eisiau, budd oseb,*
> *Na gwall, na newyn, na gwarth,*
> *Na syched fyth yn Sycharth.*
> *Gorau Cymro, tro trylew,*
> *Biau'r wlad . . .*

Ond aberthodd y cysuron hyn i gyd er mwyn ymladd rhyfel chwerw am bedair blynedd, ar draws Cymru i gyd, gan dalu amdano yn benna drwy ysbeilio cymunedau na fynnen nhw ei gefnogi, a gadael creithiau rhyfel ym mhob man. Lle bynnag y bu, mae 'na adfeilion yn ddu gan fwg, a chnydau wedi eu difetha, a phobol anafus, a galarwyr. Ysbeiliwyd abaty Cwm Hir ac abaty Ystrad Fflur, y naill gan y Saeson, a'r llall gan y Cymry. Mae rhannau o'r wlad wedi eu difetha cymaint nes na chân' nhw eu cefn atynt am genedlaethau. Ond mae o wedi meddwi ar ei genadwri, a chefnogaeth addolgar y werin bobol, a ffyddlondeb ffyrnig ei wŷr. Mi fyddai'r osgordd yma farw er ei fwyn. Mae o'n symud ar ei hyll drwy'r dre', a hwythau fel mur rhyngddo a ffawd. Dyn gwydn ydi o, â barf fforchiog, a'r wyneb pigog hwnnw sy'n dynodi'n aml waed uchelwrol Cymreig. Dillad cadfridog sydd amdano, yn lledr, yn grysbas, yn feltiau, yn fritsys, ac ar gefn ceffyl neu ar droed, bydd yn edrych o'i amgylch yn benuchel, heb wên, yn debyg i ddelw mewn rhyw ddefod.

Hanner bradwr, hanner dihiryn ydi Glyndŵr gan y dyrnaid Saeson sydd ym Machynlleth, fel y bydd y gwladgarwr Gwyddelig, Roger Casement, gan genhedlaeth a ddaw. Mi

wyddan nhw fod darn ohono fo'n rhyw fath o fonheddwr
Seisnig. Roedd ganddo lawer o gyfeillion yn llys y diweddar
Richard II, a phan fydd o'n siarad Saesneg, acen reit ddiwyll-
iedig sydd ganddo. Mi wyddan' nhw y medr o ymddwyn
yn union yr un fath â'i gymdogion Eingl-Normanaidd yn y
Mers, petai awydd arno – gan gellwair yr un fath, ac arddel
llawer o'r un rhagfarnau. Mae hi'n anodd ganddyn nhw ei
weld o'n estron pur, a phan fydd o'n rwdlian yn ei iaith ei
hun, ac yn ymddwyn yn y ffordd Gymreigaidd 'ma, ei
hanner hi'n hud, a'i hanner hi'n rhodres, cymryd arno mae
o, yn eu meddwl nhw. Boi iawn ydi o yn y bôn, yn ei wisg
Seisnig. Ond yn ei wisg Gymreig, mae o'n syrffed o swagro
a brolio a lol botes maip.

Ond i'r Cymry, hwn *ydi* Cymru. Ac os ydi o'n giamstar
ar iaith y Sais, ac os oedd o'n gyfaill i lawer yn llys y
Plataganetiaid, mae hynny'n ei wneud o'n fwy tywysogaidd
byth, yn llawer mwy brenhinol na'i elyn, yr Harri IV hy
hwnnw. Onid ydi o'n ddisgynnydd unionsyth i Madog ap
Maredudd, brenin Powys? Oni fu'n cynnal yn ei lys yn
Sycharth yr hen werthoedd sydd mor annwyl gan yr uchel-
wyr? Lletygarwch hawdd ei gael, nawdd i feirdd a cherddor-
ion, cariad at win, a bwyd a chwmnïaeth ddifyr? Nid
brenhinol yn unig mohono, meddai rhai, ond goruwchnatur-
iol. Ar ddiwrnod ei eni mi gafwyd ceffylau ei dad yn waed
at eu hegwydydd. Ym mlwyddyn ei fuddugoliaeth fawr ym
Mhilleth, mi welwyd seren fawr ysblennydd yn gwibio dros
Gymru. Mi fedr o reoli'r tywydd, meddir. Mae o'n hen
lawiach gyda'r daroganwyr. Dydi tyrfa Machynlleth ddim
yn curo'u dwylo nac yn gweiddi, pan â Owain heibio'n
dymhestlog. Sefyll yn ddistaw maen nhw.

Canghellor Owain sydd yn Tŷ Mawr bellach. Y tu allan i'r

tŷ, mae'r baneri tywysogaidd yn hedfan yn yr awel–llewod
Owain ar un ochor, y Ddraig ar y llall. Yn y cwrt mae
llety'r milwyr meirch. Wrth y giât mae gwarchodwyr dan
arfau trwm, yn faelwisg ac yn lledr i gyd. A thrwy'r dydd
mae'r dyrfa mewn rhyw fyd mawr yn gwylio'r miri o ochor
draw Heol Maengwyn. Dyma ryw glerciaid yn dod yn
llwythog o bapurau. Dyma negeswyr yn cyrraedd ar garlam
yn ddiblau i gyd, a'u ceffylau yn chwys domen, a'r gweision
stabl yn codi i'w cwfwrdd a'u danfon i mewn yn union deg.
Mae Meistr Ieuan yn sleifio i mewn ac allan. Mae amryfal
uchelwyr yn dod i'r golwg yn synfyfyriol. Mae dirprwyaeth
o farsiandïwyr yn mynnu cael sicrhad y bydd 'na farchnad
ddydd Mercher. Mae rhesi o eirchiaid yn dod at y giât, yn
ferched wylofus, yn ddynion heb goesau, yn amddifaid, yn
ffermwyr wedi colli eu tiroedd, yn hogiau powld wedi dod i
wirfoddoli, ac yn cael eu hel oddi yno'n syth.

Bob hyn a hyn bydd gwŷr llys Owain yn ymddangos yn y
drws, a dyna ias ddisgwylgar drwy'r dyrfa. Cwmni grymus
ond rhyfedd ar y naw ydi hwn. Mae yma gadfridogion
lliwgar eu hanes: Rhys Ddu o Aberteifi, y Ffyrnig yn ôl ei
lysenw. Dafydd Llygaid Brith, a Rhys Gethin dorsyth, con-
grinero Pilleth. Dyna'r clerciaid mawr eu dysg o gabinet
gwleidyddol Owain: y Dr Gruffydd Yonge, ei ganghellor
llwyd, John Trefor, Esgob Llanelwy; Lewis Byford, esgob
Bangor. Mae yma rai o'i deulu: ei frawd Tudur, a ildiodd
unwaith i'r Saeson, ond sydd yn ei ôl drachefn; ei frawd yng
nghyfraith, John Hanmer, o dras Seisnig, ond dyn ffyrnig
Gymreig yn ei galon; ei fab yng nghyfraith cyfrwys, Edmwnd
Mortimer, un o arglwyddi mwya'r Mers, sy wedi troi ei gôt
ar ôl ei ddal yn gaeth, a phriodi merch y tywysog. Mae Iolo
Goch yn dangos ei wyneb o bryd i'w gilydd mewn gwth o
oedran. A dyna'r dirgelwch, Crach Ffinnant, dyn hysbys

Owain, yn balad o ddyn budur mewn abid sglyfaethus, yn dewfarf ac yn grwm, ac yn fwy fel dewin pen ffordd na gŵr llys. Pan ddaw hwn i'r golwg, mi â rhyw furmur tywyll drwy'r dyrfa, ac mae hyd yn oed y gwarchodwyr yn symud eu traed yn chwithig. Er bod ffyddlondeb y Crach fymryn yn amheus–bu'n ymbil ar y brenin am drugaredd un tro – mae pawb wedi sylwi bod hyd yn oed Owain yn colli peth ar ei awdurdod di-ben-draw yn ei bresenoldeb annifyr.

Yn y drws un tro, dyna'r Crach bron iawn â mynd benben â Meistr Ieuan, a dyma'r offeiriad, druan, yn gwasgu ei gefn at y cilbost, er mwyn i'r dewin gael mynd heibio. Dro arall, dyna ddynes hanner call yn rhuthro drwy'r gwarchae, ac ar draws y ffordd, ac yn ei thaflu ei hun ar ei hyd o flaen y Crach, gan gythru yn ei glogyn budur. Mae'r gwarchodwyr yn ei llusgo hi i ffwrdd, ac mae'r dyn hysbys yn ei ysgwyd ei hun, fel rhyw gi yn ysgwyd dŵr oddi ar ei gefn.

A dyma'r dirprwyon yn cyrraedd. Mi aeth gwŷs ar led ar i gynrychiolwyr bonedd a gwerin Cymru i gyd ddod i Fachynlleth i'r Senedd, pedwar o bob cwmwd. Dwyn i go' mae Owain, mae'n siŵr, gynhadledd Hywel Dda bum can mlynedd ynghynt, pan ddaeth henaduriaid Cymru i gyd at ei gilydd i'r Hendy Gwyn ar Daf i roi un drefn ar gyfreithiau Cymru i gyd, a thrwy hynny ei gwneud hi'n un wlad. Ers hynny, bu'r Cymry weithiau'n un, ac weithiau'n rhanedig, weithiau'n ennill y dydd, weithiau'n ei golli, ond heb yr un senedd eto cyn hyn.

Mi fydd y senedd yn llawer mwy na gwrogaeth cenedl i'w thywysog. Mae Tŷ'r Cyffredin yn Lloegr yn prysur fynd yn sefydliad gwladol grymus. Ac arwydd o genedl yn ei man fydd y ffasiwn ddeddfwriaeth gyhoeddus, a hen gyfreithiau pob cwr o'r wlad yn sail iddi. Fesul un mae'r dirprwyon yn

cyrraedd, a'u siwrnai faith a pheryg ar hyd lonydd echryd-
us, dros fynyddoedd heb ffordd yn y byd, ac ambell waith
drwy dir y gelyn ei hun, wedi dweud arnyn nhw. Mae
ambell un yn dod â chydymaith neu ddau, ambell un â
gosgordd arfog, ambell un â'i wraig. A chyn hir mae pob un
dafodiaith o'r Gymraeg yn un gybolfa fawr hyd strydoedd
Machynlleth. Mae gwŷr Gwynedd yn syllu drwy gil eu
llygaid ar wŷr Morgannwg. Mae merlyn Powys a chob
Dyfed ysgwydd yn ysgwydd yn y stablau. Does dim yn
unffurf ym mhryd a gwedd y croesdoriad hwn o'r genedl.
Dyna'r dyn hirfain tywyll o'r Gogledd, a'r cochyn llygaid
glas, fel Llychlynwr, a'r dyn ag wyneb hebogaidd y Celt, a'r
dyn hir ei benglog ac uchel ei fochau, fel dynion Oes y
Cerrig eu hunain. Rhyw griw o bob lliw a llun ydi'r Cymry,
a hawdd fyddai credu mai cynhadledd cyfandir cyfa ydi
hon, yn hytrach na senedd cenedl o 150,000 o bobol, yn
byw ar 8,000 o filltiroedd sgwâr o dir a rhyw ymgiprys
mawr o hyd amdano. Mae Machynlleth mewn modd mwy
cyffrous nag erioed yn cyflawni ei thynghedfen fel man
cyfarfod.

Ond mae rhyw ansicrwydd annifyr yr un fath ynghylch
yr achlysur. Am ba hyd y bydd Owain yn dywysog ar
Gymru i gyd? Mae rhai, hyd yn oed yn y cyrrau mwya'
Cymreigaidd, yn deyrngar o hyd i'r achos Seisnig. Pwy ŵyr
faint o'r rheini sydd ym Machynlleth 'ma? A phwy ŵyr pa
mor barod y bydd y dyrfa ffilsi-ffalsach honno y tu allan i
Dŷ Mawr i newid eu cân, os daw milwyr Harri yn eu holau
i'r dre'? Mae rhyw drydan yn yr awyr yn ystod y dyddiau
cyn cadw'r senedd. A dydi o fawr o syndod i neb pan mae
rhywbeth mawr yn digwydd un min hwyr yn y dre.

Peth cyfarwydd erbyn hyn ydi gweld gwŷr hynod yn cyrraedd ym Machynlleth, ond ymhen hir a hwyr, dacw ddirprwy yn dod ar garlam o'r dwyrain, a dynion bwa mawr o Went yn ei hebrwng. A hyd yn oed yng nghanol y cwmpeini rhyfedd hwnnw, mae'r gŵr hwn ar ei ben ei hun o ryfedd. Pwtyn o gochyn gwydn ydi o, a llygatgam. Mae o'n eistedd yn gam yn ei gyfrwy, a'i ysgwyddau yn grwm. Ond mae clyfrwch lond ei wyneb, a'i lygaid yn gweld pob dim, ac mae pawb yn nodi bod y cewri o ddynion bwa'n ufuddhau iddo'n syth bin. Fel yr â heibio i'r Maen Llwyd, mae'r dyrfa'n gweld ar un waith na fiw i neb groesi'r gŵr hwn. Ychydig a ŵyr mai Dafydd ap Llywelyn ap Hywel o Frycheiniog ydi o; Dafydd Gam, milwr mawr, llofrudd, dyn mawr yn ei wlad ei hun, ac yn ei galon, meddan nhw, dyn teyrngar i goron Lancastraidd Lloegr.

A dyna ddau o wŷr Glyndŵr yn carlamu draw i'w gwfwrdd ar y stryd, gan foesymgrymu yn eu cyfrwyau, a throi i'w ddanfon at y Tŷ Mawr. Ond rhyw groeso glas ydi o. Does dim cyfarch gwell. Ac mae rhyw ias yn cerdded drwy'r dyrfa fel y daw'r fintai fechan i lawr y stryd fawr. Mae'r merched yn eu ffenestri'n sbecian yn fud. Mae'r dynion yn nrws y dafarn yn gwylio heb air. Mae Dafydd Gam yn edrych i'r dde ac yn edrych i'r chwith yn larts i gyd. A dyma nhw at ddrws Tŷ Mawr; mae'r gwarchodwyr yn saliwtio; mae'r gweision yn brysio o'r iard i helpu Dafydd oddi ar ei geffyl. Mae'r osgordd hwythau'n disgyn. Ond cyn iddyn nhw gyrraedd y trothwy, dyma ddwsin o hogiau Glyndŵr yn rhuthro draw, ac yn gafael yn Dafydd a'i wŷr, ac yn eu hel nhw drwy'r drws, a'u breichiau tu ôl i'w cefnau. Mae dyrnaid o hogiau bach yn ei g'luo hi oddi yno i ddweud yr hanes, a chyn iddi nosi ym Machynlleth, mae pawb yn gwybod fod Dafydd Gam o Frycheiniog yn garcharor i Glyndŵr.

Y tro nesa i neb ei weld, mae o'n baglu i lawr y ffordd, mewn hualau, a'i wyneb yn gleisiau, a gwarchodwyr â ffaglau yn ei hel o drwy'r tywyllwch. Maen nhw'n mynd â fo i dŷ cerrig mawr wrth groes y farchnad, lle mae'r ffyrdd yn cyfarfod, ac yn y fan honno maen nhw'n ei gloi o, o'r golwg, ond nid o go. Mae rhyw achlust mai dod wnaeth o i ladd Owain yn enw'r Brenin, ond bod rhywun wedi rhybuddio'r Tywysog, ac mae'n rhaid i bawb gael gweld y carchar. Maen nhw'n hel yn ddyrneidiau o amgylch y drysau, gan ryfeddu bod y gŵr drwg rywle tu mewn, a gobeithio hwyrach y cân' gip ar ei wyneb llygatgam drwy fariau un o'r ffenestri. Mae sôn yn y tafarnau bod Glyndŵr wedi tyngu llw na fydd dim o etifeddiaeth Dafydd Gam nag ar fap nag ar go' cyn hir. Ac mae adrodd garw ar bennill bach chwerw, o waith y tywysog ei hun, meddan' nhw:

> Os daw mymryn o gochyn, o'i go'
> Am na wêl y wal fu'n dal ei do,
> Na chaeau na llys, na chi, na llo,
> Na chywyddwr, gofynnwch iddo:
> 'Oni welwch y llwch yn lluwchio – draw?
> Chwiliwch y baw am eich wal chi, boio!'

Mae rhyw ias o barchedig ofn yn cerdded drwy Fachynlleth. Sut y gwyddai Owain ymlaen llaw, a lladd y neidr ar y llawr cyn iddi dyfu'n neidr fawr? Am mai dewin ydi o, siŵr Dduw. A dyna'r corrach coch yn y carchar tywyll oer fel dyn wedi'i gladdu'n fyw. Mae rhai'n crynu wrth ddwyn i go' y tro diwetha' i rywun geisio llofruddio'r tywysog. Ym Mhlas Nannau, yr ochor draw i Gadair Idris, mi aeth i hela rywdro ar wahoddiad ei gefnder Hywel Sele. A dyma garw o'r llwyn yn feindrwyn fandroed, a Hywel yn codi ei fwa, a'i droi chwap at Owain. Ond cyn bod ei linyn ar led, dyma gawod o saethau am ei ben o'r coed lle'r oedd gosgordd Owain yn cuddio. A dyna daro'r pincws corff mewn hen goeden gau i fadru.

Grym Ewropeaidd llawn a chyfartal fydd Cymru newydd Glyndŵr. Mae o eisoes wedi gyrru ei negeswyr at frenhinoedd Ffrainc a Sbaen a'r Alban, ac yn awr mae'r uchelgenhadon brenhinol yn dod yn orchest i gyd i gadw Senedd Cymru, ac i gydnabod ei sofraniaeth hi. Am weld Lloegr yn cael torri ei chrib maen nhw yn fwy na dim. Maen nhw'n cyrraedd ar hen ddiwrnod diflas gwlyb, ond mae eu rhodres a'u rhwysg yn rhyfeddod. Dacw eu tair llong, crandiach o lawer na hen longau blêr Owain, yn dod yn rhes i fyny'r afon i'r Dderwen Las, a'u tyrrau uchel yn drwch o wŷr arfog, a llewod Ffrainc a'r Alban a choronau Sbaen yn llachar ar eu hwyliau sgwâr. Mae'r utgyrn a'r drymiau'n eu croesawu ar y cei. A dyna nhw o flaen y tywysog, a hwnnw yn ei wisg ryfel o hyd, yn moesymgrymu yn bluog a chlogynllaes, yn cyfarch gwell iddo'n findlws. Llys y Cyfandir ar hen arfordir garw Cymru.

Ac am rai diwrnodiau, mae rhyfeddu mawr ym Machynlleth at y cenhadon lliwgar a'u gweision. Welodd y dre' erioed y ffasiwn sbloet o felfed, a sidan, a brodwaith a phlu, a phob lifrai mor llachar yn y dyffryn llwydwyrdd â deryn o wlad arall. Mae'r werin yn eu gwylio fel petaen nhw'n haid o ryw lydnod hynod, a hwythau'n cerdded yn ffill-ffall drwy'r baw a'r dŵr, gan lapio'u clogynnau'n dynn amdanynt, heb droi'r un blewyn. Bob nos mae'r goleuadau'n llosgi'n hwyr yn y Tŷ Mawr, a Glyndŵr a'i gynghorwyr yn rhoi gerbron yr uchel-genhadon ei gynlluniau ynglŷn â Chymru, a'i pherthynas hi â Lloegr ac Ewrop, a'i dyfodol fel gwladwriaeth sofranaidd.

Mae'r dre' i gyd ar bigau, yn clecian ac yn suo. Yma ac acw mae pafiliynau'r gwŷr mawr yn codi, a mynd a dod mawr cyfeddachol rhwng y naill a'r llall. Gyda'r nos mae'r tanau'n llosgi ym mhob man draw ar y gweunydd, ac mi glywir hyd berfeddion y gwarchodwyr wrth y rhyd yn herio, fel y daw mintai arall eto byth ar gefn ceffyl i lawr y ffordd lithrig o Gorris. Mi ddaw llongau hefyd, â'u llond o ddynion o'r pentrefi glan môr. Ac un waith mi ddaw cwch-hir o long ryfel Ffrengig i fyny'r afon gyda llythyr i gennad Ffrainc. Mae'r criw yn cael aros am noson ar y lan, ac yn y dafarn maen nhw'n meddwi'n gyrbibion ar gorn y cwmni croesawgar, ac yn canu caneuon masweddus yn Llydaweg tan y bore bach.

Pam fod rhywbeth reit gyfarwydd yn hyn i gyd heddiw, dywedwch, ryw 600 mlynedd yn ddiweddarach? Oherwydd fod ysbryd y gynhadledd hon yn debyg i ysbryd rhyw Eisteddfod anferthol, yn llawn pwrpas a dathlu a drwgdyb-iaeth. Ar bob cornel, mae hen gyfeillion a gelynion yn dod wyneb yn wyneb â'i gilydd. Mae hen ganu ac yfed garw. Mae'r dyrfa'n gwrando'n ddistaw ar ganu'r clerwyr, neu'n chwerthin llond eu boliau ar eu giamocs. Mae milwyr ar led ac ar hyd, a cheffylau, a phebyll, ac mae'r rhigolau ar y strydoedd yn mynd yn waeth ac yn waeth, ac wynebau'r tai'n drybola o fwd. Mae cadfridogion Glyndŵr yn ei lartsio hi fel congrineros, ac mae gwawch perygl ym mhob dim. Mae lluoedd Brenin Lloegr o fewn deugain milltir. Hwyrach bod ei longau'n ei phalu hi i fyny glan y môr y funud hon. Mi fedrai *rhywun*, bron, fod yn ysbiwr neu'n fradwr.

A phan ddaw'r funud fawr, fel y daw'r Cadeirio, nid Owain a thre' Machynlleth yn unig piau honno. Mae'r cyrn yn canu drwy Gymru i gyd. Tipyn o gamp ynddo'i hun ydi

cynnal senedd genedlaethol mewn llecyn mor alegoraidd,
yng nghanol y ffasiwn helynt. Does yr un adeilad yn y dre'
yn ddigon mawr i gynnwys y cynadleddwyr. Cyfarfod y
maen nhw ar y comin mawr o amgylch y Maen Llwyd,
draw ar y rhiw uwchben y dre'. Ar bob lle uchel oddi
amgylch, mae milwyr yn gwylio, a milwyr meirch draw ar
ffordd Trefaldwyn, a llongau rhyfel ar eu gwyliadwriaeth y
tu draw i'r foryd. Mae gwell na phum mil o bobol ar y
comin, a strydoedd y dre'n wag, am ddeg y bore ar y
diwrnod penodedig. A dyma gyrn yr heraldiaid yn cyhoeddi
agoriad Senedd Cymru.

Llwynog o fore braf ydi hi – un o'r rheini sy'n rhy lachar er
eu lles. Mor llym ydi'r bryniau, mor las ydi'r coedydd. Mae
gorsedd dderw gefn-uchel Owain wedi ei gosod o flaen y
Maen Llwyd, a chylch agored o'i hamgylch. Mae hyd yn
oed cynghorwyr a rhingyllod Owain, hyd yn oed yr uchel-
genhadon yn cadw o hyd braich iddi, ac Owain yn eistedd
ei hun yng nghysgod y garreg sanctaidd.

Mae o wedi diosg o'r diwedd ei wisg ryfel, a dillad brenin
sydd amdano. Clogyn du ac ermyn hyd ei ymyl, dagr wrth
ei glun. Tu draw i'r cylch, mae ei offeiriaid yn eu gwisgoedd
llawn, a'i swyddogion yn eu harfwisg a'u helmedau, a'i
feirdd yn eu gynau gwynion. Yma yn lle'r anrhydedd a'r
clod mae'r Ffrancwyr, a'r Sbaenwyr, a'r Albanwyr, â'u
baneri'n newydd sbon danlli, a'u barfau'n ffasiynol, a'u
gwŷr arfog yn llathru. A draw yn lle'r gwatwar a'r anghlod
mae Dafydd Gam, a hualau am ei fferau, a dau garcharor
mawr yn gwyro drosto. Y tu ôl i'r rhengoedd breintiedig,
mae dirprwyon y senedd. Y tu ôl i'r rheini eto mae pobol y
dre' a'r fyddin din-y-glêr, a draw ar gyrion y comin mae
ambell i bedlar wedi gosod stondin fwyd, ac yn cynnig

talpiau o gig carw, a rhyw giwed o blant, a rafins a beirdd a gwahangleifion yn tyrru o'u hamgylch.

Ac mae Gruffydd Yonge yn darllen enwau'r dirprwyon, a fesul un mae gwŷr pob cwmwd yn sefyll i gyhoeddi eu presenoldeb, rhai mewn acen loyw glasurol, a rhai mewn acen fyngus wledig. Mae esgob Bangor yn rhoi bendith, a'r utgyrn yn canu'n groch eto. A phan elwir ar y dyrfa i dyngu llw o ffyddlondeb i Owain Glyndŵr, unig Dywysog Cymru, dyna floedd fawr hir yn diasbedain drwy'r bryniau ac i lawr hyd y foryd. 'A oes undod?' meddai'r tywysog yn rhethregol, ac 'Undod!' meddai'r dyrfa fel un. 'Bare-legged Welsh dogs' oedd Glyndŵr a'i wŷr gan watwarwyr Westminster ar ddechrau'r gwrthryfel. Mae senedd y Maen Llwyd am ddangos nad rhyw haflig gyntefig mo hon, ond cenedl sy'n deall dulliau llywodraeth fodern, ac sy'n medru ei disgyblu ei hun yn sofraniaeth.

Ac yn awr, dyma Glyndŵr yn codi ar ei draed, ac yn rhoi ei weledigaeth gerbron ei Senedd a'i bobol, a'i lais yn ddwys ac yn gwrtais. Mi fydd cynghrair â Ffrainc – mae llongau Ffrengig eisoes yn gwarchod glannau Cymru ar ran Glyndŵr, a chyn hir mi ddaw milwyr o Ffrainc hefyd. Mi fydd cyfathrach agos a chynnes rhwng Cymru a Sbaen a'r Alban. Mi ofynnir i'r Pab Benedict XIII yn Avignon roi sêl ei fendith ar annibyniaeth yr Eglwys Gymreig, a'i rhyddhau am byth o afael Caergrawnt a'i theyrngarwch i Innocent VII yn Rhufain. Mae Glyndŵr yn gobeithio y bydd chwyldroadwyr grymus Lloegr – yn enwedig teulu gwrth-Lancastraidd Percy o Northumberland – yn ei gynorthwyo i bennu ffin rhwng Cymru a Lloegr, gyda glan afon Hafren. Gwladwriaeth fodern fydd Cymru. Cyfraith Hywel Dda fydd ei chyfraith. Mi fydd ynddi ddwy Brifysgol. A'r iaith Gymraeg fydd iaith pob dim wrth reswm pawb.

Mae'r dyrfa'n gwrando'n barchus ddistaw, ond bron cyn i Owain dewi, dyna ryw chwerthin mawr croch, a'r melltithion a'r ergydion sy'n rhoi taw arno mor hegar nes bod *chwerthin Dafydd* yn mynd yn ymadrodd yn iaith Machynlleth am unrhyw hyfrda dewr.

Dydi Owain ddim fel petai o'n clywed. Ar ôl y chwerthin croch, daw bloeddio mawr eto. Ac wedyn, draw wrth ochor y Maen Llwyd, o dan drem y gwylwyr ar y bryniau, a'r haul dyfrllyd llachar, ac yn gwbwl annisgwyl i bawb, dyna goroni Owain Glyndŵr drwy ras Duw yn Dywysog Cymru. Does yr un Cymro arall wedi hawlio'r teitl er Llywelyn ein Llyw Ola.

Ac yn hyn o ddefod ryfedd, yn y fan lle mae Gogledd a De yn cwrdd, mae'r daroganau wedi eu gwireddu'n llwyr. Aur o'r Rhinog ydi'r goron, a'r crefftwyr a'i gwnaeth yn arfer yr un doniau ag eurychiaid y Celtiaid gynt, yn trin metal yr hen oesoedd, metal y chwedlau, sydd eto heddiw â rhyw ystyr hud. Syml ydi'r ddefod: dyna'r esgob yn bendithio Owain â'i ddwylo. Dyna estyn y goron. A dyna Owain yn ei gosod ar ei ben ei hun. Ond mae hi'n taro carreg ateb hanes, ac mae pawb yn deall ystyr yr atseiniau.

Ac wedi'r elwch tawelwch sy. Mae'r dyrfa i gyd yn fud. Mae hyd yn oed Dafydd Gam yn dal ei wynt. A dyma Iolo Goch yn cloffi i ganol y cylch gwag, ac yn datgan ei gerdd gerbron gorsedd y Tywysog:

> *Pwy'n hebog bywiog buan – yng nghiprys?*
> *Pawb ar frys o'i wenllys a'i winllan.*
> *Pwy'n arfog ŵr? Pwy'n dŵr? Pwy'n darian—llu?*
> *Pob march du yn llamu â lluman.*
> *Pwy, dioer, o wlad Eingl oer hyd yng nglan—môr?*
> *Pob dôr ar agor – Mab Darogan . . .*

A dyna wawch o'r cyrn, dyna waedd gan y dyrfa, a bloeddio, a thwrw telynau a drymiau di-ri, a rhyw dân gwyllt o saethau lond yr awyr. A chyn gwybod i neb, bron, mae Owain wedi mynd, a'i osgordd yn ei hebrwng ar wib drwy'r dorf at ei geffyl. Prin ei fod wedi cymryd y goes nad oes rhyw smwclaw yn dechrau disgyn.

Mewn dim o dro mae'r miri'n dod i ben. Y diwrnod hwnnw mae'r Tywysog yn hwylio am Harlech, â'i lys i'w ganlyn, a thoc, mae'r cenhadon hwythau wedi mynd. O dipyn i beth mae'r dirprwyon yn gwasgaru i'w cyrion pell. A drib-drab draw dros yr afon, mae Plant Owain yn ei chychwyn hi am y Gogledd.

Ddaw dim byd tebyg i ran Machynlleth eto am 600 mlynedd. Fydd Owain byth eto yn cynnal senedd yma, nac yn gwneud y dre' yn brifddinas iddo. Ond bydd y Tŷ Mawr wastad yn uchel ei barch am i'r tywysog fod yno. Mi fydd hen rythu hefyd ar y tŷ wrth groes y farchnad, lle bu Dafydd Gam yn gaeth. Ac am fil o genedlaethau a mwy, hawl y dre' i'w lle yn y Llyfr fydd bod Owain Glyndŵr, Tywysog Cymru, wedi bod yma, yn galw senedd i'r Cymry i gyd.

Ymhen ychydig o flynyddoedd mi fydd ei wrthryfel wedi mynd i'r gwellt, ac yntau'n ŵr chwerw, ar herw o hyd. Mae'r milwyr yn cyrraedd o Ffrainc, ac yn tin-droi am sbel yn y glaw, ac yn ei g'luo hi eto. Chaiff yr eglwys Gymreig mo sêl bendith y Pab Benedict, a phrun bynnag, ymhen ychydig o flynyddoedd, does ond llywodraeth yr Alban ac Armagnac yn ei gydnabod. Mae Coron Lloegr yn rhoi crasfa i'r Percyaid. Mae Plant Owain yn chwalu, ac yn cilio i'r coed at y graig lwyd. Yng Nghymru, ar ôl blynyddoedd o ryfel, nid oes namyn diffeithwch, ac mae iau Llundain yn drymach nag erioed. Mae Dafydd Gam yn mynd â'i draed yn rhydd, a fo piau'r chwarddiad ola', yn marw yn arwr ar faes Agincourt dros Goron Lloegr, ond yn byw am byth, meddai rhai, yn Fluellen Shakespeare. Bwriad y Saeson am ganrifoedd i ddod fydd tynnu'n greiau'r hyn sy'n weddill o genedligrwydd y Cymry, a bwrw eu diwylliant dan gabl, a mathru eu hiaith dan draed. A fydd Owain Glyndŵr ei hun, a'i fedd ar goll, fawr mwy na rhyw symbol annwyl o'r hyn fu bron â bod.

A pharhau y bydd Machynlleth hithau, wedi ei gwynfyd ennyd awr, i godi'r stondinau bob wythnos, i groesawu teithwyr, ac i gynnig cysur ei thafarndai, fel petai hyn i gyd heb fod, neu wedi bod mewn breuddwyd.

# II

## Y PRESENNOL

*Ym 1991 mae tre' farchnad Machynlleth yn dathlu ei saithganmlwyddiant.*

# Y Presennol

Mae gwaith chwilio am y Maen Llwyd ym 1991. Dydi o wedi symud fawr ddim er awr ei ogoniant yn senedd Owain Glyndŵr, ond o'r golwg mae o heddiw, draw yng nghanol tipyn o stad dai breifat, fel petaen nhw'n ceisio mygu ei gyfaredd. Dacw fo ar bwt o lain las, a mainc wrth ei ochor, a'i hanes ar arwydd bach, yn syllu'n synfyfyriol tua'r bryniau moel, sy'n codi draw uwchben y toeau. O'i amgylch ym mhob man, mae byngalos del y byddigions bach, bob un â'i lawnt fechan, a llond bocs o flodau, a char bach wedi'i barcio'n dwt, a fflamingo plastic.

Yn nes draw mae rhesi o dai cyngor llai cysetlyd. Ond unffurf ydi'r rheini hefyd, heblaw bod perchennog ambell un wedi rhoi wyneb cerrig cogio ar y tŷ, neu wedi ei beintio'n wyn, nes dwyn i go' am eiliad ryw hen dŷ ffarm yn rhywle, a gwyngalch y canrifoedd arno'n dew.

Cyfarwydd iawn ydi'r teimlad yma yng Nghymru yn y 90au cynnar – bod rhyw rym anniddig sydd yma erioed yn ymrafael am ei hoedl â rhyw ddrochrwd estron. Ym 1536, mi gyhoeddodd Harri VIII y byddai Cymru o hyn allan ynghlwm wrth Loegr, 'as a very member and joint of the same', ac ni fu llacio ar y rhaffau un amser. Mi roed y gorau i bob pwrpas i Seisnigeiddio pwrpasol, ond mae pob datblygiad yn hanes Lloegr wedi gwneud y Cymry'n fwy o Saeson prun bynnag. Dyna'r cannoedd o filoedd o Saeson yn tyrru adeg y Chwyldro Diwydiannol i feysydd glo'r De, ac i felinau dur y Gogledd Orllewin, a gwneud Cymru'n limpin anhepgor i olwyn fawr imperialaeth Brydeinig. Dyna'r ddau ryfel byd yn llusgo miloedd o'r werin i ganol hynt a helynt Prydain. Dyna'r iaith fain, wrth gerdded dros hanner y ddaear yn ei bwtsias mawr, yn rhoi'r ffasiwn gic i Gymru nes ei bod hi'n ddau hanner. Dyna chwaeth y Sais yn sleifio i bob parlwr drwy'r wasg boblogaidd a'r radio a'r teledu. Dyna'r Saeson hinon ha' yn aros ha' a gaea' mewn gwlad rad ei hyfrydwch, yn bachu'r siop gornel deuluol, a'r garej fach, a swyddfa bost y pentre', ac yn pwdu y tu ôl i'w cownteri heb ddeall dim . . . Ga' i'r *Faner a'r Amsera*'? Ga' i hoelion? Ga' i foron? Ga' i fara? Ga' i dda-da? Ga' i eda'? Ga' i gig eidion? Pwys o fêl? Pwys o fala' cochion?

*You what, John?*

Mae bron iawn pob un o'r gofidiau hyn wedi dod i ran Machynlleth – dim ond diwydiant trwm sydd wedi ei phasio heibio – a chymysg braidd ydi teimladau rhywun wrth fynd am dro oddi wrth y Maen Llwyd draw drwy'r dre'. Mae dathlu mawr yma ym 1991. Mae saith gan mlynedd ers i Edward 1 roi ei ganiatâd i Owain de la Pole noddi marchnad wythnosol a ffair flynyddol yn y fan yma. Ond does fawr ddim wedi digwydd ym Machynlleth ers hynny. Mi fu yng ngheg y byd am ennyd awr adeg Senedd Glyndŵr, a'r coroni yn y 15fed ganrif. Mi fu sôn amdani eto yn y 1920au, pan aeth rhyw ffrwgwd ynglŷn â hawliau pysgota ar afon Dyfi yn rhyfel – bu'n rhaid darllen y Ddeddf Derfysg y tu allan i neuadd y dre, ac am sbel bu ofn ar dwristiaid fentro'n agos.

Fel arall, saith gan mlynedd o brynu a gwerthu a haglo a phedlo fu hi, wrth yr un stondinau, yn yr un fan, ar yr un diwrnodiau ar hyd y canrifoedd. Mae'r gwehyddion a'r

panwyr wedi mynd. Rhyw boncyn bach yn y ddaear ydi'r
rheilffordd lechi. Mi hwyliodd y llong ola' ers talwm o'r
Dderwen Las, a phentre' bach del ar lan yr afon sydd yno
bellach. Dim ond y chwe dyn sydd â thrwydded i rwydo
eogiaid a sewins yn y foryd sy'n weddill heddiw o'r pysgot-
wyr fu'n ennill eu tamaid yma gynt. Mae rhyw 2,000 o
bobol yn byw ym Machynlleth bellach, ond yr un ydi'i siâp
hi, fwy neu lai. Mae hi'n fyd gwan – blwyddyn o gyni
mawr ydi hon. Mae mân droseddau ar i fyny – er mai rhyw
herwyr o Loegr sy'n cael y bai am y lladradau mawr; serch
hynny mae'r dre'n dal i fynd fel cloc, yn o lew o lewyrchus
ar gyfri ei marchnadoedd a'i masnach drafaelio. Ac mewn
cenedl heb ei hail am luchio sbwriel dros bob man, mae hi'n
syndod o dwt a glân.

Mae hi'n dal yn fwy diarffordd na'r rhan fwya' o lefydd
yng Nghymru. Mae Aberystwyth 18 milltir i ffwrdd, a phell
iawn ydi dinasoedd y De, a'i marchnad draddodiadol yn
Amwythig. Mae Machynlleth yn dal yn debyg i dre' sioe
hefyd, a'i thair priffordd yn dal yn batrwm iddi. Mae honno
o'r dwyrain, yn enwedig, Heol Maengwyn, yn dwyn i go' o
hyd y dylanwadau sydd wedi dod y ffordd yma ers yr hen
amser drwy'r adwy yn y mynyddoedd o Drefaldwyn a
Lloegr. Yno o hyd mae'r cerrig gwynion, ond o'r gybolfa
ddifyr o dai, ychydig sydd â golwg arbennig o Gymreig
arnynt. Georgaidd ydi rhai, o oes Fictoria mae rhai eraill, ac
mae un â rhywbeth yn ganoloesol yn ei gylch. Mae yma dŷ
o'r 17ail ganrif gynnar â ffrâm goed drwyadl Seisnig, un o'r
esiamplau ola' ar hyd y briffordd o'r dwyrain, ac ym man
cyfarfod y tair ffordd, yng nghanol un y dre', mae cloc
addurnedig o'r 19eg ganrif. Mae o'n orchest o fwâu, a
chnapiau, a phinaclau, ac mae o'n bwrw pob adeilad arall

yn y dre' i'r cysgod. A does dim modd i neb ei fethu, a fyntau'n curo ei hochor hi bob un chwarter awr, ddydd a nos.

Mae llai o dafarndai ym Machynlleth heddiw nag yr oedd yn anterth y tai cwrw yn y 19eg ganrif, a thrist gweld fod Gwesty Glyndŵr ar werth. Ond dacw'r Wynnstay Arms yn dalp cyffyrddus ar Heol Maengwyn (rotari ar ddydd Llun), a'r Llew Gwyn rownd y gornel (tafarnwr: Malcom Quick), a draw dros y ffordd, y Llew Coch (Vernon Humphries), ac i fyny'r stryd, y Ceffyl Gwyn (David Philpot). Mae crwynwr mewn het silc ar arwydd y Skinner's Arms (Jan a Keith Ashton), a Llychlynwr piau'r Dyfi Forester, lle cewch bryd o'r enw 'Tivoli Mixed Platter' – penwaig wedi eu mwydo mewn saws cyrri neu mewn saws madeira.

Mae eglwys y plwy, ychydig bellter i fyny ffordd y gogledd, wedi ei hen ailadeiladu er dyddiau Glyndŵr. Does dim affliw o naws Geltaidd yn ei chylch ddim mwy, ac mae ffyrdd a thai wedi cnoi ei mynwent gron yn bob siapiau. Talp o adeilad neo-Jacobeaidd difyr ydi hi bellach, gyda rhyw gwrcwd o dŵr sgwâr, a ffenestri yn y to, a chyntedd o estyll heb eu peintio. Ond synnwyr cyffredin i gyd ydi eglwys Gatholig y Santes Fair. Mi dalwyd am ei chodi yn y 60au gan noddwr di-enw, ac roedd hi'n un o'r rhai cynta' â'u hallor yn wynebu'r gynulleidfa, yn unol ag egwyddorion Ail Gyngor y Fatican.

Mae cwrs golff ym mhen gorllewinol y dre', a chlwb bowlio, a strydwm blêr o stadau tai cyngor, ac Ysbyty Cymuned. Mi fu tai stad fechan Tregerddi, a gynlluniwyd gan y pensaer Edwardaidd T. Alwyn Hughes mewn arddull Celf a Chrefft, mewn bri am yn hir fel esiampl o sut i godi tai rhad ond cysurus. Mae wyneb cerrig cogio bach i ddysgu dringo ar y Ganolfan Hamdden foethus newydd, a maes

bowlio mawr dan do hefyd. Mae digonedd o siopau crochen-
waith, siopau crefftau, siopau ag enwau megis 'Joy' neu
'Fusspots', gwerthwyr cesig-medi a photiau-pwri. Yma ac
acw mae iardiau a strydoedd bach cul o'r hen amser. Yn un
mae lle torri gwalltiau un-rhyw, ac mae un arall yn ei bwrw
hi'n syth at ddrws cefn y Llew Coch.

Beth arall? Wel, dyna chi Gaffi Cyfanfwyd Siop y
Chwarel. Epil y Ganolfan Dechnoleg Amgen ydi hwn. Fflap-
jacs a choffi di-gaffîn, a hysbysebion am 'veterinarian acu-
puncture', a grwpiau meditetio, a gwestai figan a 'reflexol-
ogy' ydi ei bethau o. A dyna grwydro drwy giatiau rhydlyd
Plas Machynlleth, plasty fictoraidd mwy na heb, a gyflwyn-
wyd i'r dre' ar ôl yr ail Ryfel Byd. Rhyw gawdel diflas ydi
o heddiw o swyddfeydd biwrocrataidd a stafelloedd cyhoedd-
us. Dyna oedi hwyrach i edmygu'r elusendai del yn Heol
Pen-yr-allt, a godwyd ym 1868 i'r gweddwon a'r tlodion,
neu'r hen efail ddifyr, a homer o bedol fawr deracota yn
ffrâm i'r drws.

Dyna ddarganfod oddi wrth gas gwydyr yn Ysgol Bro
Ddyfi, â'i lond o wobrau, bod yr ysgol wedi ennill Twrna-
maint Golff Ysgolion Powys yn ddiweddar 'ma. Mae enwau
52 o ddynion Machynlleth ar gofgolofn y Rhyfel Byd Cynta',
33 ohonynt naill ai'n Davies neu'n Jones neu'n Evans neu'n
Lewis neu'n Roberts neu'n Williams. Mae golwg fawr ar du
allan yr orsaf frics coch, draw ar y poncyn uwchlaw'r
gweunydd, ond mae to cregin dros ei phlatfform, a basgedi
blodau – buddugol yng Nghystadleuaeth 'Wales in Bloom'
ym 1990. Ac mae hi'n syllu draw dros y bryniau glas fel
rhyw orsaf wledig mewn cerdd: o fan hyn mae trenau
bychain lein y Cambria yn ei hel hi am Amwythig, neu
Bwllheli, neu Aberystwyth, a hynny fwy neu lai ar hyd hen
ffyrdd masnachwyr a phorthmyn yr Oesoedd Canol. Mae'r

heddlu'n dod o'u pencadlys yn Heol Doll mewn ceir Maestro reit ryw ddiniwed yr olwg. Mae pont yn y fan lle bu'r rhyd dros afon Dyfi, a hynny ers 1533, ac mae dyrnaid o dai o hyd yn ei phen pella'. Ambell waith, a lli mawr ar yr afon, bydd y ffordd hon o dan ddŵr, ac o lowt i lowt y daw'r ceir ar ei hyd, yr un fath â'r gwŷr meirch ers talwm.

Y Fain ydi'r iaith amlyca' yn y dre' Gymreig hon. Saesneg sydd ar y siopau, Saesneg ydi'r hysbysebion, Saesneg Birming-ham sydd ar wefusau dyn y garej, llyfrau Saesneg mwy na heb sydd yn Llyfrgell y Sir yn Heol Maengwyn, Saesneg ydi enwau bron pob un o'r tafarnwyr, uniaith Saesneg ydi bwydlen Stages Restaurant, Saesneg sydd yn y Caffi Cyfanfwyd, Saesneg sydd ar wal Neuadd yr Army Cadet Force (a agorwyd gan Arglwydd-Lefftenant ei Mawrhydi ym 1990), ac yn Saesneg, mae'n siŵr, mae'r radios a'r setiau teledu yn y tai cyngor yn rwdlian. Anaml iawn y bydd gair o Gymraeg ymhlith cynulleidfa'r Eglwys Gatholig. Yng Nghanolfan Dydd yr Ysbyty Cymuned, mi ddown hwyrach ar draws Sesiwn Hiraethu i'r Henoed. Yn eu plith, mae ambell hen wreigen wladaidd, a hen foi wedi ymddeol a rhyw olwg filitaraidd arno, a gŵr gweddw neu ddau â dannedd gosod perffaith, ac yn y Fain maen nhw'n rhannu eu hatgofion i gyd.

Edrychwch ar restr enwau'r Adran Gynta' yn Nhwrna-maint Tennis Bwrdd y Ganolfan Hamdden: K. Suen, C. Suen, Waseem Haq a Hughes. Mae'r ddau gynta' o'r lle bwyd parod Sineiaidd. Mae'r trydydd yn gwneud cyrris mewn tafarn leol. A Hughes ydi'r unig enw Cymraeg ar restr enwau'r doctoriaid hefyd. O Nepal mae'r ddau arall. Os ydi hi'n digwydd bod yn ddydd Mercher, a ninnau'n cerdded ar Heol Maengwyn, mae'r stondinau ar hyd y pafin i gyd yr un fath ag y buon nhw bob wythnos ers 700 mlynedd. Ond Saesneg ydi iaith y stondinwyr, Saesneg y Sgowsar a

Saesneg y Pacistani. Aelodau ydi'r rhain o ryw frawdoliaeth o ddynion marchnad sy'n croesi'r ffin yn ôl ac ymlaen fel y bydd yr elw yn chwythu. A dyma ofyn i ddyn mawr ar gefn beic sut mae mynd i'r ysgol gyfun. Mae o'n methu dweud ei henw hi'n iawn – neu o leia, gyda chrechwen ddirmygus, mae o'n cymryd arno ei fod o'n methu.

Draw y tu ôl i'r dre', yn ribidirês flêr, mae rhyw glytiau o rododendron. Llwyni wedi mynd ar eu drwg ydyn nhw o ardd rhyw ŵr bonheddig, a phetasen nhw'n medru siarad, Saesneg fyddai eu hiaith hwythau hefyd, oherwydd olion ydi'r rhain o'r hen fonedd Seisnig neu Seisnigaidd a ddaeth i rym yma yn sgil goresgyniad y Normaniaid, gan stampio Seisnigrwydd ar y Cymry am y tro cynta'. Dim ond rŵan mae'r dosbarth hwn yn diflannu, ac mae o'n gadael ar ei ôl lawer o ryw agweddau hanner-ymwybodol, a llawer o lwyni ar eu drwg. Eu cynrychiolyddd cynta' ym Machynlleth oedd yr Owain de la Pole hwnnw, arglwydd Powys. A gan mai fo oedd noddwr y farchnad gynta', y fo hefyd oedd sefydlydd y dre'. Y cynrychiolwyr ola' oedd teulu Vane-Tempest, Marcwisiaid Londonderry. Byddigions mawr yn Lloegr ac Iwerddon oedd y rhain, a briododd ganrif yn ôl â theulu o fyddigions lleol, teulu Edwards, ac a gododd un o'u pencadlys-oedd yma. Mi wnaeth y Londonderriaid Blas Machynlleth yn ganolfan grym llawer mwy na'r un plasty arall yn y cylch, ac mae ei safle yn un anghyffredin yng Nghymru – y tŷ mawr a'i barc wrth ymyl y dre', fel yn un o bentrefi-stad y Cotswolds. Does dim dianc hyd heddiw rhag y Londonder-riaid ym Machynlleth, yn atgofion, yn olion, yn ddylanwad, a hyd yn oed hyd y dydd heddiw yn y cnawd: mae hen hen ŵyr i'r 5ed Marcwis yn byw o hyd yn y gymdogaeth, ac yn cyflawni llawer o orchwylion y Sgweiar, heblaw bod yn berchen ar siop drugareddau yn Heol Maengwyn.

I ddathlu pen blwydd etifedd i'r teulu yn un ar hugain oed y codwyd twˆr y cloc ym 1873, ac er cof amdano fo mae twrw'r cloc yn cadw ymwelwyr ar effro'r nos o hyd. Er difyrrwch i westeion brenhinol teulu Londonderry (y darpar-frenin Edward VII a'r Frenhines Alexandra) y codwyd y bedol deracota o amgylch drws yr efail ym 1896. Mary Cornelia, Marcwises Londonderry, a gododd yr elusendai hynny i'r anghenus, a'i charreg hi ydi'r fwya' o'r cerrig beddi ym mynwent yr eglwys dros y ffordd. 'Well done, Good and Faithful Servant', ydi'r geiriau coffa yn yr eglwys i Edward Llywelyn, a fu farw ym 1850, 'for fifty years the faithful servant of Sir John Edwards, Baronet, father in law to the Marquis of Londonderry'. Ac 'Erected in memory of the 5th Marquis of Londonderry, K.P.', meddai'r ysgrifen ar ffenest gerllaw, 'by his Welsh friends and neighbours in token of their esteem and regard'.

A chofgolofn i'r hen drefn ydi'r Plas. Yn ei stafelloedd cefn mae'r Bwrdd Diwydiant Gwledig, a'r Grw'p Coedwig-aeth Economaidd. Ar ei lawr cynta' mae canolfan feddygol homeopathig ac osteopathig. Ac ar ei lawr gwaelod mae siambr Cyngor Tre' Machynlleth. Ond mae modd ei adnab-od o hyd fel cartre' bonheddwr o Sais. Mae darluniau anferth o deulu Londonderry yma ac acw, gyda phwt o eglurhad wrth eu hochor. Mae cerflun o Mary Cornelia mewn gardd rosod. A libart plasty o hyd, yn lawntiau helaeth ac yn goed braf, ydi'r lle mawr gwyrdd y tu draw i'r tyˆ, er gwaetha'r cyrtiau tennis a llefydd chwarae a pharciau ceir ar hyd ei ymylon i gyd. Mae tyˆ lodj ar bob ochor i'r giatiau addurnedig sy'n agor ar Heol Maengwyn, ac mae'r bythynnod yma ac acw, sy'n rhan bellach o drefn y dre', yn siarad yn hiraethus am foesymgrymu mawr. Mae o i gyd yno, ond yn rhith. Mae o'n debyg i olion caer Rufeinig

Caersws, fawr mwy na phatrwm yn y ddaear, ac ysbryd hen drefn yno o hyd.

A glywch chi'r tinc bach parchus hwnnw yn rhai o leisiau oedrannus y dre' pan fydd sôn am y teulu brenhinol, neu am hanes y Plas? Mae'r Marcwis ola' wedi ei g'luo hi ers talwm am Loegr ac am Iwerddon, ond teulu Londonderry sy'n siarad, fel bod eu tenantiaid yn gwybod yn union sut i feddwl, a phawb ar ddeall mai braint i dre' Machynlleth ydi bod y fath deulu Seisnig wedi bod yma, yn hen lawiach efo'r teulu brenhinol, yn difyrru gwesteion ffasiynol o Lundain, yn estyn eu nawdd i'r werin, yn cyflogi llawer, yn rhoi taw ar ffraeon pysgota, yn addurno'r eglwys â'u coffaon, yn rhoi cartrefi i weddwon, a chanu eu tŵr cloc lond y nos.

Ond yn y Plas, yn annisgwyl y tu draw i'r hen bortreadau o deulu Vane-Tempest, a'r llyfrau emynau a chadeiriau olwyn y Clwb Darby a Joan sy'n cyfarfod bob dydd Iau yn yr adain dde, mi gawn ni hyd i ryw ddarluniau beiddgar modernaidd, fel portreadau Sidney Nolan o Ned Kelly. Ac yn y rhain mae gwron llawer iawn hŷn, a'i nawdd yntau ar go' drwy'r canrifoedd anwadal, sef Owain Glyndŵr. Dwi'n amau a fu teulu Londonderry yn rhyw awyddus iawn i gynnwys cefnogwyr hwn. Ar achlysur arwisgiad eu mab hyna' – y darpar-Frenin Edward VIII – yn Dywysog Cymru, daeth y Brenin George a'r Frenhines Mary, i aros i'r Plas a mynd i wasanaeth y Sul yn eglwys Pedr Sant, a dyna chi ffalsio fu wrth gofnodi'r achlysur.

Ond nid aeth Glyndŵr erioed dros go'. Y fo ydi'r gwir Farcwis. Mi welwch ei lun ar ei sêl dywysogaidd ar holl arwyddion Taith y Dre'. Mae ei enw ar stad o dai, ac ar far yn y Ganolfan Hamdden, ac mae'r tŷ canoloesol ar Heol Maengwyn yn fawr ei fri hyd heddiw, fel ei Senedd-dy.

Atgyweiriwyd y tŷ yn ystod degawd cynta'r ganrif hon gan arwr arall o Gymro, a ddaeth yn Arglwydd Davies, Llandinam wedyn. Roedd hwn wedi etifeddu yr arian mawr roedd ei daid, 'Davies the Ocean', wedi eu hel yn y diwydiant glo a llongau. Mi brynodd o'r adeilad, oedd bron â mynd â'i ben iddo, a'i gyflwyno i'r gymuned yn ganolfan i fywyd cymdeithasol Machynlleth, ac yn goffa hyd byth i Owain Glyndŵr. Ac roedd o'n ei uniaethu ei hun mor frwd â Glyndŵr nes bod yr arlunydd Murray Urquhart, yn ei furlun rhyfelgar o Frwydr Hyddgen yn yr adeilad, wedi rhoi wyneb ŵyr 'Davies the Ocean' i'r arwr.

700 mlynedd o fasnach mae'r dre'n ei ddathlu, ond anterth hanes Machynlleth oedd adeg Senedd Owain, pan ddaeth y cenhadon o Ewrop, a phan gyhoeddwyd Cymru'n un. *Tref y Tywysog* ydi teitl llyfr David Wyn Davies er clod am Fachynlleth a'i hanes. A pha raid dweud pa dywysog, a phob llyfryn a phwt o gyhoeddusrwydd yn dwyn i go' gyswllt Glyndŵr â'r dre'. Mae pob ymwelydd, bron, yn mynd i weld y Senedd-dy, a bydd ambell un yn cerdded draw heibio i dŵr cloc teulu Londonderry, at yr hen dŷ cerrig ar gornel Lôn y Garsiwn, lle, yn ôl y chwedl, y carcharwyd Dafydd Gam. 'Y Tŷ Brenhinol' maen nhw'n ei alw bellach, oherwydd i Charles y Cynta' gysgu yno wedyn, a siop ddillad dynion ydi rhan ohono. Ond fel arall mae o'n wag ac yn dywyll ac yn annifyr, â'i lond o'r co' am y dyn bach coch.

*Themepark Cymru* ydi llawer o'r wlad ym 1991, a ffwlbri i raddau ydi'r Glyndŵr mae Machynlleth wedi'i greu. Fu o erioed ar gyfyl y Senedd-dy yn un peth – doedd y lle ddim yn bod bryd hynny. Chwedl, yn fwy na thebyg, ydi ei goroni. Does neb yn siŵr iawn ynghylch yr uchel-genhadon

rheini o Ffrainc ac o Sbaen ac o'r Alban. Ac mae ysgolheig-
ion llym o'r farn na ddaeth Dafydd Gam erioed i
Fachynlleth.

Ond parhau mae enw Glyndŵr, ac ymwybod y Cymry
o'u cenedligrwydd. Mae amgueddfa fechan draw mewn
rhan o'r Senedd-dy (mae eglwys Bentecostaidd Dyffryn
Dyfi'n cynnal eu gwasanaethau carismataidd mewn rhan
arall), a siawns na fedr hyd yn oed yr ymwelydd mwya'
anwybodus synhwyro bod o leia' beth o'r arddangosfa'n
dod o'r galon. Mae hanes Glyndŵr yma, wedi'i adrodd yn
ysgolheigaidd. Mae'r darlun tanllyd hwnnw o'r frwydr. A
heblaw'r dyfyniadau ar y wal o hen farwnadau, mae un o
waith brodor cyfoes o Fachynlleth. Ac nid rhyw rwtsh
twristaidd mohono. Fel hyn mae o'n gorffen:

> *Na, nid priddyn oedd ei ddeunydd*
> *Mae ei ysbryd yn y gwynt*
> *Yn cyniwair deffroadau*
> *Megis yn yr amser gynt . . .*

A lle Cymreigaidd iawn ydi Machynlleth o hyd, ond ichi
graffu a gwrando. Mae Hughes yn dal i ymladd yn y
twrnamaint ping-pong. Ambell waith mi fydd y lleisiau
Seisnig rheini, er mor drwyadl Frymllyd, neu Sgowslyd neu
hyd yn oed Rhydychenaidd wrth siarad efo'r ymwelwyr, yn
bwrw iddi mwya' sydyn yn Gymraeg. Ambell waith mi
ffeindiwch fod rhyw siopwr mwya' Seisnigaidd ei ffordd yn
genedlaetholwr i'r carn. Hawdd fyddai tybio fod yr hen
gapel Wesleaidd yn Heol Pen-yr-Allt, oedd gynt yn gadarnle
i'r iaith ac i'r meddwl Cymreig, ac sydd bellach yn Ganolfan
Ddiwylliannol, wedi mynd i'r ffordd yr aeth llawer sefydliad
Cymreig arall. Ond mae sefydlydd Ymddiriedolaeth y Taber-
nacl yn hen hen hen ŵyr i un o weinidogion cynta'r capel,

ac yn hen ŵyr i Owen Owen, un o ddynion mwya' llwyddian-
nus Machynlleth erioed. Ac mae'r Tabernacl yn dal yn
ffyddlon i'r carn i'w etifeddiaeth Gymreig. Mae'r Ŵyl
Gelfyddydau flynyddol ym 1991 yn cynnwys *jazz* Cymreig,
dawnsio gwerin Cymreig, caneuon gan gyfansoddwyr o
Gymry, telynor Cymreig, pianydd Cymreig, corau Cymreig,
darlith ar y Canu Cynnar, a'r perfformiad cynta' o waith
cerddorfaol wedi'i seilio ar gywydd serch gan Dafydd ap
Gwilym.

Ychydig o anghenion nad oes modd eu diwallu yn Gym-
raeg, er mai cael a chael fydd hi ambell waith. Mae'r Papur
Bro *Y Blewyn Glas*, ar werth yn Siop Gornel. Mae gwasanaeth
Cymraeg bob yn ail ddydd Sul yn eglwys Sant Pedr, ac mae
geiriau agoriadol y Te Deum wedi eu hysgrifennu yn Gym-
raeg ar hyd ei waliau. Mae'r misal ar gael yn Gymraeg yn yr
eglwys Babyddol. Ac i'r Santes Fair, ac nid i Saint Mary,
mae honno wedi'i chysegru. Mi fydd Côr Meibion Powys
yn ymarfer yn y Tabernacl, ac mae ambell air o'r heniaith
i'w gael hyd yn oed ymhlith y rhestri boicotio ecolegol, ac
ar y creision organaidd yn y Caffi Cyfanfwyd – yn benna',
wrth gwrs, ar yr arwyddion *Dim Ysmygu*. Mi glywch chi
Saesneg yn ddigon aml ar iard Ysgol Bro Ddyfi. Ond mae'r
Gymraeg yn iaith gynta' i hanner y disgyblion, mae 30% yn
ei siarad hi yn o lew, a dim ond un o bob pump sydd wedi'i
gofrestru yn ddi-Gymraeg.

Ac ar y mur uchel gyferbyn â'r ysgol, rhan o fur hen
libart y Plas, mi fydd wastad ryw graffiti cenedlaetholgar,
ac er eu glanhau'n aml, mi ddôn' yn eu holau o hyd, i fynnu
*Nad Yw Cymru Ar Werth*.

Brithgi o le ydi Machynlleth, yr un fath â phob tre'
Gymreig yn y 90au. Peth anodd ei amgyffred ydi hynny i
ymwelwyr tramor. Os ydyn nhw'n disgwyl i Gymru fod yn

rhanbarth arall o Loegr, fel y bydd yr Almaenwyr fel arfer,
syndod mawr ydi clywed Cymraeg. Os ydyn nhw wedi
mwydro'u pennau efo rhyw syniadau celtaidd rhamantus,
fel y bydd yr Americanwyr yn aml, siom fawr ydi bod y
Saesneg mor uchel ei chloch ar y strydoedd, a phob dim
mor Seisnigaidd.

Ac felly llawer o'r Cymry hefyd. Onid oes Cymry o hyd na
wyddan nhw'n iawn prun ai Cymry ynteu Prydeinwyr ydyn
nhw? Gwta ddwy genhedlaeth yn ôl, pan oedd teulu London-
derry a'u math yn eu blodau, ymseisnigo am y gorau y
byddai pawb oedd am fod yn rhywun, meinio eu hacen,
bwrw'r Gymraeg dros go'. Hyd yn oed heddiw, a'r Saeson
hinon ha'n dal i dyrru, a'r Saeson ha' a gaea' hwythau'n
cynyddu, y peth mwya' buddiol ambell waith ydi bod rhyw
fymryn yn fwy Prydeinig, a mymryn yn llai Cymreig, a
ffieiddio ar goedd y sloganau rheini ar fur y Plas.

Mae pob degawd bellach, waeth ichi ddweud, yn ffair
benben: peth dialedd o Gymry'n mynd, a pheth dialedd o
Saeson yn dod. Ylwch bach ydi'r ynysoedd duon ar fap yr
iaith ym 1991, a'r dŵr mawr llwyd yn lleibio, lleibio o hyd.
Lleiafrif bach swil ydi'r plant Cymraeg mewn llawer ysgol
bentre'. A'r peth calla' i'r dyn dŵad ar yr olwg gynta', er
mwyn cael bod ar y tu clyta' i'r clawdd, ydi ymuno â'r
rhieni sy'n sefyll yn rhes gyda'u placardiau yn erbyn addysg
yn Gymraeg, a sgrifennu llythyrau bach piwis at olygyddion
i gwyno am ragfarnau'r Cymry gwrth-Seisnig. Oherwydd
dyma un wlad lle mae'r meddylfryd imperialaidd – sef bod
modd i un genedl a'i diwylliant sathru un arall dan draed
am byth – yn dal i ffynnu, hyd y gwêl y dyn dŵad.

Ond siawns na fydd o'n ystyried hefyd beth mor ddurol
ydi'r meddylfryd Cymreig. Llanw a thrai o hyd ydi cenedlaeth-
oldeb. Ar ôl refferendwm 1979 mi aeth rhai i feddwl nad

oedd y ffasiwn beth ddim mwy â chenedl y Cymry. A bu
darogan lawer gwaith drwy'r oesoedd fod hanes Cymru am
ddirwyn i ben. Ond rywsut neu'i gilydd mi gychwynnodd
o'r newydd bob tro, ac felly y bu yn yr 80au a'r 90au. Mae
amcanion y cenedlatholwyr yn amrywio'n ddirfawr, ond
maen' nhw i gyd ynghlwm wrth barhad y Gymraeg. Roedd
nifer y pleidleisiau dros ddatganoli ym 1979 bron iawn yr
un fath i'r dim â nifer y siaradwyr Cymraeg.

Mae rhai'n ymgyrchu o hyd am Gymru Rydd, a rhai am
Gymru Rydd Gymraeg, a'r Adferwyr am y Fro. Mae rhai
o'r farn fod gwleidyddiaeth wedi chwythu ei phlwc, ac mai
drwy'i diwylliant yn unig y bydd Cymru byw. Ond ym 1991
mae pawb bron i'w weld yn credu y bydd i Gymru ystyr
genedlaethol newydd, pan ddaw'r Ewrop Unedig, a honno'n
symud o gam i gam tuag at ffederaliaeth. Does neb hyd yn
hyn wedi troi'r freuddwyd gwrach yma'n gynnig gwleidydd-
ol pendant, ond mae hi wedi codi llawer ar lawer calon
wladgarol.

Dydi fiw i'r dyn dŵad ym Machynlleth ddiystyru'r Cymry
Cymraeg. Fydd dim dianc oddi wrthyn nhw, prun bynnag.
Mi fydd yn rhaid i'w blant ddysgu'r iaith. Mi fydd ei
bedwaredd sianel yn ddirgelwch iddo fo'n amlach na heb.
Ac mi fydd ffrygydau cenedlatholdeb o'i amgylch o hyd. A
thipyn o syndod iddo fydd darganfod nad emynau a baledi
dagreuol a morio corau meibion ydi unig sŵn Gwlad y Gân
bellach, nac yn llythrennol nac yn drosiadol – bod ROC
lond y tafarnau a'r neuaddau a'r gwyliau ym mhob man, yn
ysbrydoli cenhedlaeth gyfa o Gymry Cymraeg ifanc, yn
groch, yn lartsh, yn delynegol, yn ddigri, yn ddychanol, ac
yn gyfan gwbl Gymreigaidd.

'Pwy sy'n rhedeg y dre' 'ma?' byddai'r newyddiadurwr mawr

Americanaidd, John Gunther, yn holi ym mhob tre' yr ymwelai â hi. Anodd ar y naw, hyd yn oed i hwnnw, fyddai cael ateb ym Machynlleth. Mae hi'n hen fel pechod, yn haenau a haenau o iaith a hil, ac yn geinciau i gyd. Ac mae hi'n nes at y pridd nag y tybiech ar yr olwg gynta'.

Sbeciwch drwy ffenest Hamer y cigydd yn Heol Penrallt, ychydig ddrysau o'r Skinners' Arms, a gyferbyn â hen lety'r gwehyddion, ac mi welwch chi gyrff defaid yn crogi ar ei waliau, a'u cnyfiau hefyd, fel y galchen o wyn. Nid peth diarth ydi bywyd cefn gwlad ym Machynlleth. Achlysur cynddeiriog o wledig ydi'r arwerthiant anifeiliaid, bob pythefnos wrth droed Pen yr Allt. Mae'r corlannau'n llawn dop dynn o warlheg duon a defaid mynydd, a'r ffermwyr yn eu bwtsias a'u capiau brethyn (heblaw ambell un mewn cap *baseball*), a'u hwynebau'n ganoloesol Gymreig, yn siarad fel melin glep. Lladd a chneifio ar eu liwt eu hunain y byddan nhw yn nhŷ Hamer, a ryw ddau gan llath yn nes draw, mae Jenkins a Williamson, y ffariars, yn rhedeg Meddygfa Ŵyn wrth ochor y tŷ, a chlwt bach glas hwylus yn y cefn. Mi fydd wastad ffermwyr yn y tafarndai; mae teuluoedd o'r pentrefi o amgylch yn tyrru i'r pwll nofio yn y Ganolfan Hamdden; plant ffarm ydi hanner y plant yn Ysgol Bro Dyfi. 'Josgyns' ydi enw'r lleill arnyn nhw.

Ganrif yn ôl, doedd ond grym y Plas yn fwy na grym crefydd. Bryd hynny, mi ddilynai'r byddigions yn ôl traed teulu Londonderry i eglwys San Pedr. Ac mi fyddai'r rheithgor, a'i ŵn gwyn yn donnau amdano, yn ysgwyd cannoedd o ddwylo, ac yn gwenu peth wmbredd o hen wenau bugeiliol o flaen porth yr eglwys ar ddydd Sul. Yn y capeli anghydffurfiol, mi fwriai pregethwyr o bob enwad eu cyfaredd dros gynulleidfaoedd enfawr, a'r emynau'n daranau drwy'r dre', a'r blaenoriaid a'r diaconiaid yn ddynion o bwys bob un.

Gwta hanner can mlynedd yn ôl, roedd argyhoeddiad ysbrydol yn un o'r pethau oedd yn gyrru'r wlad yn ei blaen. Bryd hynny, roedd pobol yn dal i adael offrymau wrth ffynhonnau sanctaidd, ac yn anrhydeddu defodau hanner-paganaidd yr oesoedd yn agored.

Heddiw, a Chymru'n prysur fynd yn wlad ddi-grefydd, mae capeli Machynlleth yn weigion, mwy na heb, ac ambell un wedi ei chwalu. Dyrnaid o ffyddloniaid sy'n hel yn eglwys San Pedr. Tenau iawn ydi'r gynulleidfa Bentecostaidd yn y Senedd-dy. Ac yn ôl llyfrau'r gymuned babyddol fechan, er bod ymwelwyr yr ha' yn chwyddo'r rhengoedd, ni anwyd neb ym 1990, ac ni fu neb farw, ni dderbyniwyd neb i'r eglwys, ni fu'r un briodas, na'r un bedydd. Ond digon o waith bod yr hen dre' hon wedi colli pob rhithyn o'i chrefydd, a phob gronyn o'i gras o fewn un genhedlaeth. Ai ffrydio a byrlymu o'r golwg mae o bellach, gan dasgu i ryw ffynhonnau newydd? Ai ofergoeliaeth yn unig sy'n weddill? Ai yn niffyg crefydd y bydd y rasys elusen a'r Sesiynau Hiraethu? Ai sagrafen o ryw fath ydi'r Dechnoleg Amgen? Ai cynnal trefn hynafol mae'r pererinion rheini sy'n tyrru at Arthur Price, dyn hysbys Derwen Las, sy'n swyno a rheibio drwy gyfrwng y defnydd Cymreig oesol hwnnw, gwlân y defaid mân?

Fu awdurdod seciwlar yn y dre' hon erioed yn syml, chwaith. Oni fu'r lle, ar wahanol adegau, ar y ffin rhwng tywysogaethau, rhwng tiriogaeth y Norman a'r Cymro, rhwng arglwyddiaethau'r Mers a Thywysogaeth y Goron, rhwng cymydau a siroedd? Mae llawer o bobol hyd yn oed heddiw ym 1991 heb fod yn rhyw siŵr iawn ym mha sir mae Machynlleth, a map y wlad wedi ei newid eto byth ym 1978. Nid yn unig mae Meirionnydd a Cheredigion a Threfaldwyn yn cwrdd ym Machynlleth, ond Gwynedd a Phowys a Dyfed hefyd. Mae sôn y bydd pob dim yn newid eto, ond am y tro Powys sy'n ymestyn ar draws Cymru ac yn cyrraedd glan y môr yn llain gul wrth foryd Dyfi, a Machynlleth yn Danzig iddi. Y Cyngor Sir yn Llandrindod, a'r Cyngor Dosbarth yn y Trallwng sy'n rhedeg y sioe. Mi fu Neuadd Dre' fawr ym Machynlleth unwaith, ond chwalwyd honno ym 1968, a bellach mae swyddfeydd Cyngor y Dre' i gyd mewn un stafell yn Neuadd y Gymuned, rhyw gwt bach o le yn Heol Maengwyn, a gorchwyl mwya' cyffrous y Cyngor ydi cadw twr y cloc i fynd.

Pwy sy'n rhedeg y dre', felly? Nid Cyngor y Dre', nid yr eglwys na'r capeli, nid teulu Londonderry a'u math. Yma ac acw yn y wlad oddi amgylch mae'r to ola' o'r hen fyddigions Seisnigaidd yn budur fyw o hyd, ac o blith y rhain y daw'r Ynadon Heddwch, a phenaethiaid anrhydeddus y peth a'r peth. Ond rhyw bobol ymylol ydyn nhw erbyn hyn at ei gilydd, a'u hen dai nhw yn westai neu'n glybiau gwlad neu'n barciau carafannau hunllefus. Mi ddarfu am ddyddiau'r hen heirarci, a'r moesoldeb Calfinaidd, a'r consensws Eingl-Gymreig, pan oedd bod yn hir eich pen yn bwysicach na bod yn Gymro, a phan danysgrifai cymdogion Cymreig i ffenestri er cof am eu gwell, yr ymadawedig o Sais.

Pwy piau'r grym heddiw sy'n gwestiwn arall. Hwyrach fod gan ddosbarth proffesiynol y lle, y twrneiod, yr athrawon, y bancwyr a'r meddygon, rywfaint o rym o hyd. Hwyrach y gall aelodau'r Rotari ei fficsio hi ambell waith. Roedd llawer o bobol Machynlleth yn gweithio i'r Rheilffordd Brydeinig yn nyddiau'r trenau stêm, a hwyrach bod gan honno hefyd rywfaint o ddylanwad dros y dre': petasai'r rheilffordd yn cau, fel y bu'r sôn yn aml, byddai'n ergyd drom i'r diwydiant ymwelwyr. Rhaid gwrando ar y

Comisiwn Coedwigaeth bob amser. Mae British Telecom yn bwysig. Mae'r hoelion wyth yn tyrru i'r Clwb Bowlio yn ôl pob sôn. O'r Swyddfa Bost y daw'r rhan fwya' o leisiau'r Côr Meibion. Ond os oes ffasiwn beth â dosbarth elitaidd, hwyrach mai'r tirfeddianwyr cefnog Cymraeg ydi hwnnw, a'u ffermydd yn gylch am y dre'. Mae gan y rhain gynrychiolwyr yn y Trallwng ac yn Llandrindod, a mwy na thebyg yn San Steffan hefyd. Mae eu plant a'u hwyrion yn cael eu haddysg yn Gymraeg. Mi fedran nhw hel eu hachau ymhell bell yn ôl i hanes Machynlleth, ac maen nhw'n sgrifennu eu henwau yn Gymraeg.

Braf fyddai meddwl fod dosbarth llywodraethol Cymraeg eto am y tro cynta' ers goresgyniad y Normaniaid. Ond nid felly y mae hi, a Chymru'n dal mewn rhyw limbo hanesyddol, a'r hen ddryswch iaith a hil yn faich arni o hyd. Chwe chan mlynedd ar ôl Rhyfel Glyndŵr, rhyw waedu i mewn mae hi. Anaml iawn y bydd cwffio rhwng Cymro a Sais mewn tafarn ym Machynlleth – mae 'dulliau mwy cynnil', chwedl yr heddlu. Ac anaml yr â'r Cymry benben â'r Saeson yn Ysgol Bro Ddyfi, er bod chwerthin mawr weithiau am ben y 'josgyns' – fel yn yr hen amser pan oedd trefi Cymru'n gadarnleoedd o Seisnigrwydd mewn cefn gwlad Cymraeg.

Mae rhywbeth braidd yn niwrotig ym Machynlleth ym 1991, yr un fath ag mewn rhyw dre' Gymraeg arall. Does fawr neb yn siarad heb ryw ddail ar ei dafod o hyd. Ac o dipyn i beth daw pob mathau o ryw gymhlethdodau i'r fei, fel y daw cynnwys stafell i'r golwg yn ara' deg, wrth i'n llygaid gynefino â'r tywyllwch. Mae pob dim i'w weld yn iawn ar yr wyneb. Mae'r ddwy hil yn cyd-dynnu'n o lew. Taw piau hi am iaith a hanes. Ŵyr pobol ddiarth ddim oll am y peth, oni bai eu bod yn gofyn i rywun beth mae'r graffiti dig hynny'n ei feddwl, neu yn crwydro ar eu pennau i ganol rhyw dafarn lle mae grŵp roc Cymraeg go hegr yn eu hwyl, ac yn gofyn am beint yn y Fain, a mwya' sydyn yn ei chlywed hi'n mynd yn aea' o'u cwmpas nhw.

Prin iawn ydi'r Saeson ym Machynlleth heddiw fyddai'n crechwenu, yr un fath â'r dyn hwnnw ar ei feic, wrth glywed Cymraeg. Ychydig sy'n fodlon dweud ar ei ben na wyddan nhw'r un gair. 'Tipyn bach' ydi'r ateb o hyd, hyd yn oed gan rai y byddai eu rhieni yn Wolverhampton yn wfftio bod yr iaith yn dal yn fyw, heb sôn bod neb mor hurt bost â bod awydd ei dysgu. Peth chwithig ar y naw heddiw ydi methu siarad Cymraeg, ac mae rhywbeth yn simsan yn lartsrwydd yr holl arwyddion Saesneg. Mi fu'r dre', yr un fath â'r wlad i gyd, fel petai ei drysau i gyd yn agored led y pen i'r Sais. Ond mae hi wedi mynd ar lawer ystyr yn lle reit annifyr i'r Sais fyw ynddo.

A dyna chi sefyllfa na fu mo'i thebyg, hwyrach, yn hanes imperialaeth. Lladd Cymru â chlustogau ydi ffordd Llundain erioed. Cymodi ychydig â'r gwladgarwyr o hyd, fel nad oes modd i neb sôn am ferthyron na hyd yn oed am ormes. Cefnogi'r iaith, ond yn gymhedrol. Rhoi mesur o hunan-lywodraeth, ond mesur bach da i ddim. Argraffu stampiau Cymraeg, ond ar ddelw'r rhai Saesneg. Bathu punt Gymraeg, a'r geiriau Cymraeg o'r golwg ar hyd ei hymyl hi. Mae cynrychiolwyr Cymru yn San Steffan, ac mae'r Swyddfa Gymreig yng Nghaerdydd, ac mae cannoedd o filoedd o drigolion y wlad, yn Gymry ac yn Saeson, yn fodlon ar y drefn. Mi fu ymgorffori Cymru ym Mhrydain Fawr yn hynod o ddi-boen o'i gymharu â llawer menter imperialaidd arall. Dydi hyd yn oed bod yr Ysgrifennydd Gwladol yn Sais, sy'n credu nad oes neb yng Nghymru yn siarad Cym-

raeg ond er mwyn ei sbeitio fo, ddim i'w weld yn amharu
rhyw lawer.

Ond mae'r berthynas yn ddi-ben-draw o ddyrys. Mae
hi'n ddigon hawdd gweld y Saeson dŵad yng Nghymru yn
debyg i'r Rwsiaid dŵad yn Lithwania ac yn Latvia, a'r
ymgyrchwyr o Gymry'n debyg i ymgyrchwyr Gwlad y Basg
a Chatalonia. Ond tybed a oes gwlad arall lle mae ymwybydd-
iaeth cenedl ddarostyngedig wedi datblygu yr un fath ag
yng Nghymru? Er gwaetha' pawb a phopeth, mae hi yma o
hyd. Ac oni fydd hyd yn oed y rhai mwya' eu hwfft yn canu
ei hochor hi adeg y gêm fawr? Mae'r heniaith yn y tir, ac er
bod canran llawer llai yn ei siarad hi heddiw nag oedd
ganrif yn ôl, mae teirgwaith mwy yn braf nag oedd yn
nyddiau Glyndŵr.

Digon hawdd credu ym Machynlleth bod y Cymry wedi
troi llanw hanes yn ei ôl yn ddistaw bach. Fu'r dre' erioed
yn rhyw boblogaidd iawn gan fewnfudwyr o Saeson. Nid
horwth o ffarm ddefaid fawr sy ar ddyn busnes ar fin
ymddeol, neu ryw wyrddyn o Wem, ei heisiau. Fu Machyn-
lleth erioed yn dre' wyliau yr un fath ag Aberdyfi, chwe
milltir i ffwrdd. Does dim traeth ar gyfyl y lle, ac mae'r
mynyddoedd mawr ymhell. Mae nifer y siaradwyr Cymraeg
chadal y rhai Saesneg heb newid ers hanner canrif. Cymraeg
oedd dau o bob tri o enwau'r rhai fu farw yn y Rhyfel
cynta', a Jones, Evans neu Williams oedd gwell na hanner y
rhai fu farw yn yr ail.

Mae hi fel petai'r Cymry wedi mynd yn drech o lech i
lwyn. Fu'r un chwyldro cenedlaethol, wrth reswm, ond
mwya' sydyn, nid peth chwithig mo Gymreictod mwy.
'Naturiol a defnyddiol' ydi o, chwedl y Catalaniaid am eu
hiaith a'u diwylliant nhw. Go brin y bydd Ysgol Bro Ddyfi
byth yn ei galw ei hun eto yn 'Machynlleth Comprehensive

School', neu'n rhoi'r gorau byth i'r Gymraeg yn brif gyfrwng dysgu. Mi fydd Cymraeg gan bob wan jac o'r to nesa'. Hwyrach bod y Cymry wedi bod yn hirach eu pennau na'r Saeson wedi'r cwbl. Hwyrach nad wedi lladd Cymru â chlustogau mae Llundain, ond ei gwneud hi'n hen haffgast hy!

Draw ym mhen deheuol y dre', mae arwydd arall bod tro ar fyd. Os cerddwn i lawr Heol Maengwyn, heibio Senedd-dy Owain, heibio'r Wynnstay Arms lle mae'r Clwb Rotari mewn rhyw fyd mawr oherwydd stad yr economi, heibio twr y cloc, sy'n curo 1.15 y funud hon, heibio'r Llew Gwyn a'r hen efail a'r bedol deracota, mi ddown at y Ganolfan Hamdden, sy wedi'i chodi o fewn libart Plas Machynlleth, ac sy'n syllu dros ei hen ardd rosod. Mae hysbysfwrdd mawr wrth ochr y fynedfa yn datgan sut y codwyd yr adeilad gorchestol hwn. Mi ddaeth yr arian oddi wrth y Swyddfa Gymreig, Cyngor Sir Powys, Cyngor Dosbarth Trefaldwyn ac oddi wrth Gymuned Economaidd Ewrop.

Ewrop! Rhan o Ewrop ydi Cymru bellach, ac mae Machynlleth, yr hen fan cyfarfod Cymreig, yn dre' Ewropeaidd hefyd.

# III

## Y DYFODOL

*Yn ystod hanner cynta'r 21fed ganrif mae Machynlleth yn dathlu ei phen blwydd yn brifddinas Gwladwriaeth Ewropeaidd Cymru.*

# Y *Dyfodol*

Noswyl Dygwyl Dewi ydi hi, Dygwyl y Weriniaeth ym Machynlleth. Ond nid unrhyw Ddygwyl y Weriniaeth mo hon. Mae hi'n hanner can mlwyddiant, ac adeg dathliadau felly, bydd pawb yn gwybod beth yw perthyn a pharhad.

Y ffordd hawsa' i fynd i'r Ŵyl – a ninnau erbyn hyn, â'n dychymyg yn drên, wedi mynd i ganol yr unfed ganrif ar hugain – ydi mewn hofrennydd. Mae hon yn glanio yn y depot awyr-a-rheilffordd rhwng y Brifddinas ac afon Dyfi, lle bu gorsaf y Rheilffordd Brydeinig ers talwm. Ond ar draws gwlad y daw llawer, mae'n siŵr, un ai ar y trên o'r Trallwng, lle bydd trenau'n cysylltu â gwasanaethau Twnnel y Sianel a'r cyfandir, neu ar hyd y gefnffordd rhwng Machynlleth a'r Ffordd Genedlaethol, y draffordd sy'n rhedeg o'r Gogledd i'r De. Mi fydd y rheini sy'n teithio wrth eu pwysau, neu sy am weithio, wedi cymryd cabin ar y llongau bach chwim sy'n cysylltu porthladd dŵr dwfn newydd Aberdyfi â Bryste a Lerpwl.

Waeth pa ffordd y cyrhaeddwn, dyna sy'n ein synnu'n anad dim ydi bod Machynlleth, prifddinas Cymru annibynnol, gweriniaeth sofranaidd o fewn Ffederasiwn Ewrop, ac aelod o Gynghrair y Gwledydd Niwtral, bron iawn yr un ffunud ag oedd hi ym 1991, pan nad oedd hi fawr mwy na thre' farchnad yn Sir Powys, yn y Deyrnas Unedig. Ac o ran siâp, dydi hi wedi newid fawr ddim er pan oedd Owain Glyndŵr yn ei nabod, ryw 600 mlynedd cyn hynny.

A dacw'r draffordd draw tu hwnt i'r bryniau yn heidio, a

mastiau a chyrn y llongau ym mae Aberdyfi, a'r cruglwyth llongau cefnfor wrth y doc wrth ymyl. I'r Gogledd o'r afon, lle byddai Canolfan y Dechnoleg Arall cynt, mae melinau gwynt Ynni Cymru, fel rhyw adar gwynion aflonydd yn clwydo. Ond mi fyddai teithiwr o ganrif gynharach yn nabod y lle'n syth bin. Dacw'r ffordd o Loegr yn cwrdd â'r ffyrdd glan môr o Wynedd ac o Ddyfed, yn union yr un fath ag ar fap. Ac mae Heol Maengwyn dan ei sang o ben i ben, a hithau'n ddydd Mercher y farchnad. Moel o hyd ydi'r bryniau o amgylch y dre'. Dim ond dyrnaid o gychod pysgota bach sy wrth gei Derwenlas. Ac mae Machynlleth yn edrych fel y bu erioed, yn hafan glyd, a'r mynyddoedd yn gefn iddi, a'i hwyneb at wawl y foryd ddolennog, a'r cefnfor glas.

Mi fu cenhedloedd gorthrymedig eraill, wrth gael eu traed yn rhydd o'r diwedd, yn codi rhyw gofgolofnau budd-ugoliaethus, neu o leia'n gwneud eu prifddinasoedd newydd yn fathodynnau mawr gorchestol – dyna chi Zagreb, neu Guernica, neu Alma-Ata! Nid felly y gwnaeth y Cymry wrth sefydlu eu Gwladwriaeth Ewropeaidd eu hunain. Mae cymal enwog yn eu cyfansoddiad, cymal Egwyddor Syml-rwydd, sef bod yn gymhedrol ym mhob peth, a buon nhw'n ffyddlon iddo ym Machynlleth hefyd. Ar ôl cael eu hannibyn-iaeth, roedd y Cymry'n benderfynol na fyddai yn y brif-ddinas newydd, mwy nag yn y wladwriaeth, ddim o'r lol rhwysgfawr Prydeinllyd fu yng Nghaerdydd. Diymhongar fyddai hi, yn anad dim, fawr mwy, a dweud y gwir, nag estyniad o'r dre' fechan a fu cyhyd, yn ddaearyddol o leia', yn ganolbwynt symbolaidd Cymru.

Fyddwn ni fawr o dro'n gyrru i ganol y brifddinas. Ac wrth edrych o'n cwmpas drwy lygad hanes, mi welwn lawer o bethau cyfarwydd. Dyna'r depot rheilffordd-ac-awyr, er

enghraifft, a'r basgedi blodau a enillodd wobrau'r Rheil-
ffordd Brydeinig yn y 1990au yn dal yno. Mae tu blaen yr
hen orsaf yn wyneb iddo o hyd, ond rhan ydi o bellach o
adeiladwaith y maes awyr, ac mae hwnnw'n rhad ac yn
symudol, fel bod modd ei addasu'n hawdd yn ôl y galw. A
dacw bont Dyfi, yr un fath ag yr oedd ym 1991, yn y fan lle
bu'r rhyd yn yr hen oes, a'r un dyrnaid o dai yn ei phen
draw. Cwpl o feiciau Skoda sy tu allan i orsaf yr heddlu.
Mae arwydd WEDI NEWID DWYLO ar Westy Glyndŵr
yn Heol Penyrallt. Mae enwau newydd ar y gofgolofn ryfel,
sef enwau'r rheini o Fachynlleth a wirfoddolodd i ymladd
yn y Rhyfel dros Ryddid, na fu'n rhaid ei ymladd yn y
diwedd, diolch i Dduw: pump o Jonesiaid, pedwar Williams,
dau Suen, ac un Waseem.

Mae elusendai Cornelia Mary'n dal yno, ond rhyw dai
diolch ydyn nhw bellach, fydd yn cael eu cynnig gan y
Weriniaeth i bobol haeddiannol, fel y rhai sy'n byw yno
heddiw, meddai ein tywysydd, sef tri bardd, adeiladwr
pontydd, cyn-reolwr Banc Cymru, a'r Llysgennad cynta' i'r
Taleithiau Unedig, sy'n ddeg a phedwar ugain oed. Ar dŵr
eglwys Sant Pedr, sy bellach yn eglwys gadeiriol, mae baner
esgobol lachar yn chwapio yn y gwynt. Yn ffenest y siop
ddillad yn y Tŷ Brenhinol, mae'r delwau'n gwisgo pob
mathau o ynau barddol. Mae hysbyseb yn y Tabernacl am
noson o gerddoriaeth gyfrifiadurol organ a thelyn o'r
Rhondda.

Does neb yn cael mynd â char ar Heol Maengwyn ddim
mwy, a dyma ni i lawr i'r parc ceir sydd o dan bron y cwbl
o'r dre', ac yn cymryd y lifft i fyny i'r Wynnstay Arms. Yr
ydym wedi blino, a dyma ddewis rhyw swît heb fod yn rhy
grand, a sicrhau bod y peiriant aer ar waith, a'r ffacs-
fideo'n barod, a gofyn am botel o Gwm Einion '22, a

phlataid o gorgimychiaid y Bermo, a'i hwylio hi i glwydo'n
gynnar. Mi fydd fory'n ddiwrnod a hanner.

Ond yn gynta', dyma daflu'r ffenest led ei phen a bwrw
golwg ar y stryd enwog y tu allan, lle mae'r marchnatwyr
ola'n cadw eu stondinau. A mae rhywbeth mawr wedi
newid. Mae tŵr cloc teulu Londonderry wedi mynd. Yn ei
le, ar y groeslon, yng nghanol un Cymru, yn uchel ar bedestl
mawr bras, a chysgod yr hwyr ar ei draws, ond yn
dywysogaidd yr un fath, mae'r Maen Llwyd.

Mae'r dre' wedi prifio, wrth reswm, er mwyn cartrefu'r
gwasanaeth sifil, Swyddfa Ewrop, y gweithlu diplomyddol,
a holl amryfal asiantaethau Gweriniaeth Cymru. I'r
dwyrain, y tu draw i'r Clwb Golff Rhyngwladol, lle bu'r
rhesi tai cyngor a byngalos yn y 1990au, mae tai preswyl
newydd yn ymestyn draw, yn gydnaws â Thregerddi, sydd
bellach ar restr yr Adeiladau Hanesyddol, a'u hwynebau i
gyd o garreg lwyd neu'n wyngalchog. Mae rhyw fythynnod
newydd hefyd yma ac acw yn y Dderwenlas. Mae hi'n well
gan bysgotwyr yr afon fyw yn y fan honno, heb fod yn bell
oddi wrth eu cychod. Ac o amgylch y fferm felinau gwynt,
mae rhyw gymuned dechnolegol wedi hel, a'r rheini yn
denu llawer o gomiwtwyr atyn nhw, ac yn magu rhywiog-
aeth o blant peniog, Plant Ynni gan ddisgyblion Ysgol Bro
Ddyfi.

Ond pan awn allan am dro yn y bore ar ôl brecwast, mi
gawn weld fod canol y dre', tŵr cloc neu beidio, yn union
yr un fath o hyd â chanol tre' farchnad fechan. Mae baneri
ym mhob man, wrth reswm, y Ddraig Goch, 34 seren aur
Ewrop ar eu cefndir glas, a phlatiau pres yma ac acw wrth
ddrysau swyddfeydd a chenadaethau'r Llywodraeth. Ond
oherwydd Egwyddor Symlrwydd, bach a diymhongar ydi

pob dim. A does dim byd wedi ei ddymchwel yn ddi-feind. Y peth agosa' welwch chi i 'mall' siopa ydi Heol Maengwyn, a hyd yn oed yn fanno mae'r gyfraith yn gefn i hawliau'r stondinwyr, ac yn rhoi i'r farchnad ddydd Mercher flaenoriaeth dros bob gweithgarwch arall. Serch hynny, mae'r rhan fwya' o brif sefydliadau'r Wladwriaeth fechan wedi eu stwffio rywsut neu'i gilydd i'r adeiladau o boptu'r stryd.

Yn Senedd-dy Owain Glyndŵr mae swyddfeydd y Prif Weinidog, a dau warcheidwad yn sefyllian o'i flaen ddydd a nos. Mae'r Gweinidog Tramor yn y tŷ ffrâm-bren a godwyd ym 1605 yn nes i fyny'r stryd. Mae Gweinidog y Gwasanaethau Cyhoeddus wedi bachu siopau a thai ar yr ochor ddeheuol, ac yn eu plith nhw *Collectibles*, y siop drugareddau, a chrochendy neu ddau. Maen nhw yr un ffunud o'r tu allan, ond y tu mewn, maen nhw'n un berw o gyfrifiaduron a ffacsys a ffôns. Draw yn lle bu Llyfrgell y Sir, mae Llyfrgell Jefferson, wedi ei henwi ar ôl yr enwoca' o Gymry America, ac yn fanno mae casgliadau gwleidyddol y Llyfrgell Genedlaethol i gyd. Ar y lawnt o'i blaen mae delw efydd o Owain Glyndŵr, yn dadorchuddio gorsedd wag symbolaidd, a godwyd yn y 1990au. Yn hen neuadd ddrilio corfflu'r cadetiaid mae'r Adran Amddiffyn, a lle bu'r Neuadd Gymuned, wrth ymyl y cerrig gwynion, mae Swyddfa Ewrop wedi codi pencadlys bach hardd yn arddull yr Adfywiad Modernaidd.

Ym Mhlas Machynlleth, hen blasty teulu Londonderry, mae'r Arlywydd, Ein Llyw, yn byw, wrth reswm pawb. Mae'r giatiau bellach wedi eu hailaddurno'n wych â dreigiau, ac mae'r tŷ ei hun wedi ei adfer i'w hen ogoniant. Parc go iawn ydi'r parc eto, ac mae ynddo 700 o goed llydanddail, yn eu hanterth erbyn hyn, a blannwyd ym 1991 i ddathlu saith-ganmlwyddiant y dre'. Yn ôl y traddodiad, sydd eisoes fel petai'n hynafol, peilotiaid afon Dyfi wedi ymddeol fydd wardeniaid y parc bob amser, oherwydd bod y Wladwriaeth yn arw iawn am feithrin ei thraddodiad morwrol. Yn y tŷ, mae'r darluniau rheini o Glyndŵr ar y waliau o hyd; yma ac acw hefyd mae portreadau o ryw bwysigion, wedi eu gadael yma ers talwm gan deulu Londonderry, a neb yn gwybod bellach pwy ydyn nhw, ond neb wedi rhoi ffluch iddyn nhw chwaith.

Fu'r Plas erioed yn dŷ mawr iawn, ac mae o wedi mynd yn llai ers ei ddyrchafu'n dŷ arlywydd. Mae llawer o'r tai allan blêr wedi eu dymchwel, ond mae o wedi'i beintio'n glaer wyn, a'r Ddraig Goch yn hedfan uwchben ei gyrn, a'r arfbais arlywyddol, sef sêl Owain Glyndŵr, yn sgleinio ar ei falconi, ac mae o'n syllu draw ar draws ei gwrt llechi â rhyw steil garw iawn. Ar fore braf fel hyn, pan fydd y lle'n gyffro i gyd, a gwarcheidwaid yn gogor-droi yn yr iard, a cherddoriaeth radio o ryw ffenest yn rhywle, a chnewian hwfar, hwyrach, a suo lladdwyr gwair, mi fydd rhyw asbri, a rhywbeth yn gartrefol, ac yn foneddigaidd hefyd ynghylch palas Arlywydd Cymru.

Adeg eithriadol braidd ydi hon, a'r dre'n ferw byw o ddisgwyl, a thwrw lond y tafarnau, a'r pafin dan ei sang o ymwelwyr. Go brin y byddai neb yn dweud fod hon yn brifddinas gyffrous fel arall. Un o'r dywediadau ar waliau Llyfrgell Jefferson ydi: 'Be easy. I like an easy man'. (Y gwleidydd o Sais, yr Arglwydd Melbourne, piau fo, meddan nhw.) Mae hi'n fain ar bawb heddiw. Fu Arian Ewrop erioed mor wan. Ond dydi hynny ddim i'w weld yn poeni rhyw lawer ar Fachynlleth. Draw yng Nghaerdydd, lle mae'r bancwyr a'r broceriaid, mae pwysau gwaed yn mynd i fyny ar adegau felly. Hawddgar a siriol a hwyliog fydd yr ymwelwyr yn gweld Machynlleth, ac felly maen nhw i fod i'w gweld hi. Yr un fath ag yn America, mae rhialtwch, yn ôl cyfansoddiad Gweriniaeth Cymru, yn hawl cyhoeddus. A bydd ailadrodd o hyd ar y cymal yn y llysoedd, rhag ymyrraeth y biwrocratiaid – fel y dywedodd un o dwrneiod enwoca' Cymru: 'mawr yw'r bwlch rhwng ffurflen a chwerthin'. Gwasgaredig, yn y dull Celtaidd, ydi awdurdod y Wladwriaeth, a'i sefydliadau heb fod yn rhyw drwm iawn ar y ddaear. Mae Cynulliad y Wladwriaeth yn symudol. O'r cychwyn cynta' mi gorfforwyd hwn yn yr Eisteddfod Genedlaethol, a fu ers cyhyd ar ei phen ei hun yn ysgwyddo'r baich cenedlaethol, yn aml yn wyneb gwawd. Y Cyfarfod ydi enw'r ddeugorff heddiw, ac maen nhw'n ymgynnull adeg yr Eisteddfod am yn ail yn y Gogledd a'r De. Mae pwyllgorau seneddol parhaol yn cyfarfod ym Machynlleth, ond dim ond unwaith bob deng mlynedd y bydd Y Cyfarfod yn cael ei gynnal yma ar y Maes Mawr, draw rhwng y dre' a'r afon.

Lle gwylaidd iawn ydi o, ond prifddinas ryngwladol yr un fath. O'i hamgylch mae holl lysgenadaethau ac uwchddirprwyaethau'r Pwerau. Mae rhai wedi achub hen blastai o'u gwaradwydd twristaidd, a rhai mewn adeiladau bychain yn y dre'. Yn yr hen Brigands Inn ym Mallwyd mae'r Gwyddelod, ac mae yno salŵn diplomyddol lle mae Guinness drafft a cherddoriaeth werin. Mae'r Saeson ym Mathafarn ers tro byd, ac maen nhw'n byw fel sgweiars yng nghanol rhyw greiriau barddol ac uchelwrol maen nhw wedi eu hel. Mi gomisiynodd yr Americanwyr y pensaer I.M. Pei, ar ddiwedd ei oes, i adeiladu eu llysgenhadaeth leia' yn y byd, lle tebyg i gragen wen yn y bryniau uwchben Derwenlas. Mi fydd eu llysgennad nhw yn ôl traddodiad wastad yn llenor o nod – y cynta' oedd Gore Vidal, yn hen ŵr, a dderbyniodd y swydd ar yr amod 'na fyddai'n gorfod sillafu ei enw mewn rhyw ffordd ryfedd'.

Yn sgil presenoldeb yr holl dramorwyr, a threigl yr ymwelwyr o weddill Ewrop, mae Machynlleth wedi mynd yn dre' reit gosmopolitanaidd. Dros y byd i gyd, mi ddaeth Egwyddor Symlrwydd yn gyfystyr erbyn hyn, nid yn unig â gweddustra gwleidyddol, ond ag enw Cymru ei hun. Ac mae pobol eangfrydig, yn ymgyrchwyr ecolegol, yn wleidyddion Gwyrddion, yn freuddwydwyr cymdeithasol, yn anffyddwyr, a phawb sydd am dorri ei gŵys ei hun, yn dod yn bererinion i Fachynlleth. Estroniaid, meddan' nhw, ydi gwell na hanner y bobol sy'n preswylio yn y dre', a'i hechel gymdeithasol hi ydi'r Clwb Diplomyddol, adeilad hir isel o garreg nadd a gwydr draw ar lan afon Dyfi ychydig o filltiroedd islaw'r dre'. Mi sefydlwyd y Clwb gan bwyllgor o ddiplomyddion toc wedi troad y ganrif, pan oedd Machynlleth yn ôl pob golwg yn lle anial ar y diawl i gael eich gyrru. Mae ei ddrws yn agored i'r Cymry lleol erioed, ac mi gafodd yr enw ers talwm o fod yn lle heb ei ail am gwmpeini byrlymus a bwyd da, a chlywed suon, ac erbyn hyn mae o'n enwog drwy'r gwledydd. A bron bob diwrnod o'r flwyddyn, mi gewch weld draw ar y teras ar lan yr afon, o dan y paresôls, neu yn y bar wrth y tanllwyth tân, wŷr a merched mae eu hwynebau'n adnabyddus ym mhob man, yn dal pen rheswm â gwleidyddion o Gymry, neu â thirfeddianwyr o'r ffermydd cyfagos, neu brifathro Ysgol Bro Ddyfi, hwyrach, cadeirydd y Tabernacl, arweinydd yr Opera Genedlaethol, rhyw hanerwr cenedlaethol, neu brifardd.

Mae safonau wedi newid oherwydd hyn. Dyna chi'r hen siop bapurau, Siop Gornel, er enghraifft. Siop lyfrau a recordiau amlieithog ydi honno heddiw. Mae enillydd Prix Goncourt yn amlwg yn y ffenest, ac mae'r grŵp Twrcaidd enwog Tislamak yn dod i arwyddo recordiau y pnawn 'ma. A Chaffi Cyfanfwyd y Chwarel, a'i de persawrus a'i gishys? Brasseria Taruschio ydi hwnnw bellach, neu 'Lle Ffranco', ar ôl gwir dad y *cuisine* Cymreig, Franco Taruschio o fwyty'r Walnut Tree yn Llanddewi Ysgyrryd. Mae bri ar ei eog gyda rhiwbob, hwyaden wedi'i halltu gyda chwsberins, sinsir a berwr dŵr, draenog y môr a chorgimychiaid y Bermo, ac mae ei derras gwydyr ar bafin Heol Maengwyn yn fan cyfarfod rhyngwladol. Yn yr hen Ganolfan Hamdden, yn y pontydd dros ffordd Aberystwyth, mae'r tŷ opera, a'r theatr, ac oriel gelf, a nifer o sinemâu – yr un ohonyn nhw'n fawr, ond pob un yn economaidd gain. Mi fydd cwmnïau o Ewrop benbaladr yn perfformio yno, a does neb wedi anghofio bod Pavarotti ei hun wedi ei ddewis ar gyfer ei berfformiad canu'n iach o *Turandot* ('I ddiolch ar fy rhan i, ac ar ran artistiaid ym mhob man, am Egwyddor Symlrwydd').

Eto i gyd, wrth ymlwybro gyda'r dyrfa, neu wrth brofi'r capwtsino yn Lle Ffranco, prin bod modd ichi beidio â gweld hefyd fod Machynlleth, yn fwy na'r rhan fwya' o brifddinasoedd, yn wydyr i'w chenedl. Fedrai'r dre' hon ddim bod yn unlle ond yng Nghymru. Mae ffiniau'n chwalu ym mhob man. Mae gwladgarwch yn diflannu yng nghanol rhyw deyrngarwch lletach. Mae cymaint o hanes wedi cael lluch oherwydd ei fod yn andwyol i'r sawl sy'n ymroi gormod. Ond mae'r Cymry mor bybyr ag erioed yn eu hargyhoeddiadau cenedlaethol. Mae'r ymwelydd teimladwy, a'r diplomydd sy newydd gael ei yrru yma o Burundi neu El Salvador, yn gweld Cymru yn rhyw fath o Utopia: gwlad sydd yn dal i fod yn hi ei hun, teulu o wlad, a'i dyheadau hanesyddol wedi eu gwireddu o'r diwedd, yn byw mewn

heddwch â'i chymdogion, yn Ewropeaidd i'r carn, a'i Datgan-
iad Egwyddorion yn destun edmygedd ac eiddigedd drwy'r
gwledydd.

Ar lawer ystyr, mae Cymru i'w gweld wedi datrys y
problemau gwleidyddol a chymdeithasol fu'n plagio cymaint
o wledydd tebyg iddi. Am sbel go hir yn ystod yr 20fed
ganrif, roedd yn ymddangos fod y Swistir drwy ryw ryfedd
wyrth wedi osgoi gofidiau mawr y byd. Heddiw, mae llawer
yn credu mai'r ffordd Gymreig ydi'r ffordd i gael y maen i'r
wal. Mae cymaint o sothach a rhwysg a rhagrith wedi
cael ei daflu, nes ei bod yn dwyn i go' y Weriniaeth
Americanaidd yn nyddiau cynta' gweledigaeth Jefferson.
Mae pob un dim ynglŷn â'r gyfundrefn Gymreig yn glir fel y
dŵr, ac yn agored ac yn rhesymegol yn y bôn, heblaw ei
bod yn derbyn o hyd y syniad gwleidyddol hynafol hwnnw,
y wladwriaeth-genedl. Ond mae hyd yn oed honno wedi
cael ei haddasu er mwyn ffederaliaeth Ewrop.

Er bod pob un enw lle yn uniaith Gymraeg, dwyieithog
ydi'r Weriniaeth yn swyddogol. Yn ddamcaniaethol, mi
gaiff unrhyw weithgarwch, yn gyhoeddus neu yn breifat,
fod yn Gymraeg neu yn Saesneg. Ond Cymraeg ydi'r brif
iaith ers talwm. Am sbel bu'r gwrthwynebwyr Eingl-Gym-
reig yn dal i ddefnyddio Saesneg, yn enwedig mewn llythyrau
at olygyddion, ond chwerthin wnaeth pawb am eu pennau
nhw. Mi aeth 'Loyal English-speaker of Cowbridge' yn
bricsiwn cenedlaethol. Peth yn perthyn i oes arall ydi Saesneg
heddiw mewn unrhyw weithgarwch swyddogol. Mae sawl
cenhedlaeth o Gymry wedi defnyddio Cymraeg yn unig
gyfrwng addysg, ac mae blynyddoedd mawr ers pan oedd
Saesneg i'w glywed o hyd ar iard Ysgol Bro Ddyfi. Mae
pawb yn deall Saesneg. Mae Saesneg ac Almaeneg yn byn-
ciau gorfodol yn yr ysgol, a dydi'r lli llyfrau a phapurau a

radio a theledu Saesneg o Loegr heb sychu, wrth reswm. Ond gan fod dwyieithrwydd fel polisi llywodraeth yn gostus gynddeiriog i'w gynnal, mi fydd refferendwm bob saith mlynedd i benderfynu a ydi o'n angenrheidiol o hyd. A bob tro mae'r mwyafrif o'i blaid yn mynd yn llai. Fydd dirprwyon i Senedd Ewrop, yn wahanol i'w gydweithwyr o Wlad y Basg, a Chatalonia ac ynysoedd Ffaro, ddim bob amser yn mynnu cael cyfieithiad ar y pryd. Os byddan nhw'n ei gweld hi'n fuddiol, mi siaradan' yn Almaeneg, neu Ffrangeg, neu Saesneg, neu Sbaeneg neu Lydaweg. Oherwydd mae hi'n ffaith fod natur ddwyieithog y gymdeithas wedi cynhyrchu cenedl o ieithwyr.

Gwlad dlawd ydi Cymru, ac mae hi'n cydnabod hynny, heb hiraethu am fawredd cenedlaethol. Mae hi'n byw ar ei hamaethyddiaeth, a'i diwydiant ysgafn, sy'n derbyn arian rhyngwladol, ei diwydiant dur a glo cydweithredol, ei llongau, ei llefydd trin olew, a mwyfwy ar ei gwasanaethau amrywiol – mae Caerdydd yn un o'r canolfannau yswiriant mwya' prysur yn y wlad, a Marianbad newydd mae rhai yn galw Llanwrtyd. Does dim affliw o orchest yn y Wladwriaeth ddiymhongar hon. Mae'r Arlywydd yn byw yn llawer llai bras yn ei Blas na theulu Londonderry ers talwm. Does dim gorymdeithiau mawr. Tacsis sy'n mynd i gwfwrdd ymwelwyr pwysig i'r maes awyr, ac mae'r rheini'n aml yn eu ffeindio'u hunain mewn llefydd gwely a brecwast. Defod hen yr Eisteddfod, heb newid dim ers amser Iolo Morganwg, ydi seremoni'r Senedd, ac mae'r Cyfarfod bob deng mlynedd yn ddigon o sbloet i bara am oes. Lwcus ydan ni, yntê, yn cael bod ym Machynlleth adeg y dathlu mawr!

Mi fydd prifddinasoedd Gweriniaethau eraill, yn y dyddiau cyn rhyw seremoni gyhoeddus, yn llawn dop o ryw swyddogion medalog, a bandiau milwrol, a rhesi o danciau, a thaflegrau ar olwynion. Nid felly Machynlleth. Does dim plu nag arfau ar strydoedd y brifddinas hon, fel y daw adeg y seremoni'n nes.

O ran egwyddor, gweriniaeth heddychlon ydi Cymru. Ond fel y caniataodd Marx fodolaeth y Wladwriaeth nes y byddai'n edwino'n anochel, roedd Tadau'r Cyfansoddiad Cymreig yn cydnabod yr angen am luoedd arfog. Bob saith mlynedd, bydd refferendwm i benderfynu a ddaeth yr adeg eto i'w dileu, ond hyd yn hyn mae mwyafrif mawr wedi pleidleisio dros eu cadw. Onid ydyn nhw'n rhoi gwaith i'r hogiau? Ond does fawr o rwysg chwaith ynghylch y fyddin amddiffyn wirfoddol, Plant Owain. Mewn khaki mae ei milwyr yn gwisgo, heb arfau gan amla', a'u hyfforddi'n unig i gwffio rhyfel *guerilla*, neu i ddwyn cyrch yn erbyn terfysgwyr. Maen nhw'n ffasiwn giamstars nes bod gofyn amdanyn nhw'n hyfforddwyr dros y byd i gyd, peth o gryn bwys economaidd i'r Weriniaeth. Mi fyddai ymwelwyr ers talwm yn rhyfeddu at osgo hamddenol a go anfilwrol y gwarcheidwaid y tu allan i'r palas a swyddfa'r Prif Wein-idog, yn eu khaki a'u bŵts gwadnau rwber. Erbyn hyn mae'r llacrwydd twyllodrus hwnnw wedi mynd yn un o nodau amgen y Weriniaeth, ac mae pwysigion o wledydd eraill yn gwybod ers talwm nad oes rhaid bod ag ofn ym Machyn-lleth. Os bydd rhyw Frenin, neu Arlywydd neu Brif Weini-dog yn dod ar ymweliad, dyna Blant Owain yn deffro o'u syrthni ffals, ac yn dangos y proffesiynoldeb sy y tu ôl iddo, wrth hel y creadur ar wib drwy'r dre', a rhyw olwg reit ffyrnig arnyn nhw, fel petaen nhw eu hunain yn ei herwgipio.

Hwyrach y gwelwn ni gwpl o gychod yn patrolio'r afon, ac mae gan y Wladwriaeth hanner dwsin o hofrenyddion ar gyfer cludiant a gwaith achub. Am hanner dydd, mi glywn saethu'r gwn yn yr hen gaer Rufeinig ar Yr Wylfa – teyrnged feunyddiol Cymru i bawb o'i phlant a fu farw mewn rhyfeloedd. Fel arall, does dim osgo filitaraidd o fath yn y byd ar y Weriniaeth. Niwtral ydi hi yn ei pholisïau tramor. Does dim math o wasanaeth ysbïo, chwaith, a bach iawn ydi ei gwasanaeth diplomataidd. Mae hwnnw'n mynd rhagddo yn aml ar y cyd â'r Gwyddelod a'r Albanwyr. Er pan mae'r Deyrnas Unedig wedi chwalu, mae pob un geiniog o'r arian sy'n cael eu harbed felly yn mynd, drwy ddeddf arbennig (Newid y Galon), i goffrau'r gwasanaethau cymdeithasol. Digon di-lol ydi'r rheini hefyd, ond mae'r safon yn gyson uchel, ac mae'r dulliau Ewropeaidd diweddara' i gyd ar arfer. Mae'r gwasanaeth iechyd, sy'n cynnig triniaeth a meddyginiaeth o bob math yn rhad ac am ddim, yn un o'r rhai gorau yn y byd. Am nad oes meddyginiaeth breifat yng Nghymru, mae llawer ymhlith ei doctoriaid a'i llawfeddygon a'i nyrsys wedi dod o wledydd tramor, am eu bod yn credu y gallan nhw anrhydeddu'n fwy diffuant yma eu llw Hipocrataidd.

Mae'r Weriniaeth yn eu croesawu nhw. Mae'r cyfreithiau mewnfudo'n llym ac yn rhyddfrydig ar unwaith. Llym oherwydd bod cyfyngu arno o ran nifer, o ran galwedigaeth, o ran cenedl, ac o ran oed. Rhyddfrydig oherwydd, y munud y bydd cais rhywun yn cael ei basio, mae o'n cael bod yn ddinesydd, dim ond iddo ymrwymo i ddysgu Cymraeg. Mae'r ddeddfwriaeth a basiwyd adeg annibyniaeth, y Dewis Mawr, yn datgan bod y sawl sy'n ei alw ei hun yn Gymro, ac sy'n fodlon anrhydeddu'r iaith Gymraeg a'r diwylliant, yn cael bod yn Gymro. Fu dim mewnfudo mawr. Mae'r rheol iaith mor llym – mae arholiadau hefyd – ac mae safon byw Cymru mor sylfaenol, nes bod y mewnlifiad wedi hen hysbio. A gan fod Cymru yn un o sylfaenwyr Cynghrair Ewropeaidd y Gwledydd Niwtral – cynghrair o genhedloedd bychain sy'n fawr iawn eu dylanwad o fewn y ffederasiwn – mae'r trefniadau hyn wedi eu pasio yn fewnol ers talwm, ac wedi eu copïo wedyn gan bob mathau o weriniaethau eraill, fel Gwlad y Fflemiaid a Latvia.

Adeg annibyniaeth, mi grewyd cyfraith newydd Cymru, Cyfraith y Rhyddhad. Mae'r Uchel Lys yn y Tŷ Brenhinol y tu ôl i'r siop ddillad. Mi daflwyd cyfraith Lloegr yn ei chrynswth. Mi wrthodwyd pob cynsail. Ac mi gynlluniwyd cyfundrefn sy'n dwyn i go' Cyfraith Hywel Dda. Mewn materion troseddol a sifil, prif egwyddor y gyfundrefn ydi cyfamod. Mae bod yn ddinesydd yn golygu anrhydeddu cyfamod i gadw'r ffydd a'r heddwch. Torri'r gyfraith ydi torri'r cyfamod hwnnw, a rhaid talu am hynny ag arian, neu drwy wasanaeth i'r gymuned, neu ynteu, mewn achosion difrifol drybeilig, drwy gosb. Cymodi ydi'r nod penna', a'r ail ydi digolledu. Peth ffiaidd yng ngolwg y gyfraith ydi dial, a chanolwyr rhwng hawlwyr ydi barnwyr yn y bôn. Fel pob dim arall yng Nghymru, mi dynnwyd o'r gyfraith bob rhithyn o'r hen drefn Seisnig. Does gan farnwr o Gymro ddim wig, ac nid Eich Anrhydedd mohono. Rhyw ddillad yr un fath â dillad rhywun arall sydd amdano, a dydi o'n eistedd dim mymryn yn uwch na'r diffynydd na'r tystion. Does dim harthio i fod wrth groesholi. Y ddedfryd gan amla' fydd bod yn rhaid talu iawndal i'r sawl a gafodd gam, neu i'r teulu, yn ogystal â gwasanaeth cyhoeddus o ryw fath. Troseddwyr ydi'r rhan fwya' o'r rheini sy'n hel y sbwriel, ac yn labro ar y ffyrdd, ac yn gweithio yn y carthffosydd. Mae'r unig garchar yng Nghymru, hen fynachlog Ynys Bŷr, yn cael ei redeg fel ysbyty. Oherwydd, gerbron y gyfraith Gymreig, math o salwch meddyliol ydi trais parhaol. 'Nid cosbi'r rhai drwg ydi prif ddiben y Gyfraith,' meddai Cyfraith y Rhyddhad, 'ond meithrin y rhai da.'

Mae biwrocratiaeth Gymreig yr un mor ddyngarol. Mae pob un swyddfa a phob un ffeil yn agored i bawb, ond mae rheolau llym yn erbyn rwtsh annealladwy yn iaith y Llywodraeth. Cymraeg croyw gloyw ydi honno, neu Saesneg dilol. Ac mae pob dogfen gyhoeddus yn mynd gerbron pwyllgor o lenorion a newyddiadurwyr, sy'n golygu, meddai rhai, fod amcanion y Llywodraeth yn eglur iawn, ond yn cael eu mynegi ambell waith mewn modd llawer rhy ffwrdd-â-hi. Mae'r bil Treth Incwm diweddara', er enghraifft, yn dweud' Peidiwch â thalu mwy na sydd raid, neno'r dyn!' Digon di-lol hefyd ydi dulliau addysg. Mae pwyslais fel ers talwm ar ddysgu darllen a sgrifennu a chyfri, ar go' ac ar gyfrifiadur. Mae gwyddoniaeth ac ieithoedd tramor yn orfodol i bawb. Mae'r maes-llafur hanes yn syml ond yn eang: hanes lleol yn ystod y blynyddoedd cynta', hanes Cymru wedyn, yna hanes Ewrop, ac yn ystod y blynyddoedd ola', hanes y byd.

Gwladwriaeth heb yr un grefydd swyddogol ydi Cymru. Mae Archesgob Episgopalaidd a Phabyddol, y naill yn Nhyddewi, a'r llall ym Mrynbuga. Mae pob un o'r enwadau ymneilltuol yn dal i fod, heb sôn am Formoniaid, Mwslemiaid, Iddewon, Siciaid, Hindwiaid ac amryfal sectau carismataidd. Ond yn niffyg crefydd swyddogol, y cyfryngau, fel mae'r Cyfansoddiad yn datgan, ydi cydwybod y genedl. Mae rhychwant y rheini'n o eang, rhwng y tabloid deifiol *Y Lol* a'r rhaglen deledu fwya' digywilydd *Graffiti*, a *Darlledu Cymru*, sianel barchus barchus y gwasanaethau cyhoeddus. Ond yn ben ac ysgwyddau uwch y rhain i gyd mae *Cymru*, y papur dyddiol dwyieithog, sy yr un oed â'r Weriniaeth ei hun. Mae pobol adnabyddus o bob lliw a llun gwleidyddol ar fwrdd y rheolwyr. Mae *Cymru*'n cael ei argraffu heddiw yr un pryd yng Nghaerdydd, yn Llundain, ym Mrwsel ac ym Merlin, ond ei olygu fel erioed yn y swyddfeydd blêr wrth ymyl gorsaf Machynlleth. Oherwydd ei ddylanwad a'i enw da drwy'r gwledydd, mae rhai o ddeallusion mwya' Cymru'n gweithio arno, a llwyth o estroniaid disglair hefyd. Ac ar gownt ei gylchrediad mawr a'r hysbysebu rhyng-wladol, mae *Cymru* wedi mynd yn bapur cefnog iawn. Mae gweithlu o newyddiadurwyr ar hyd y byd, a cholofnwyr yn cyfrannu o bob rhan o Ewrop, a threfniadau ffeirio â phapurau mawr eraill y byd. A hwn ydi'r sefydliad mwya' grymus yng Nghymru, a'r gorau hefyd, mae'n siŵr.

Ydi hyn i gyd yn swnio'n rhy dda i fod yn wir, meddyliwn, wrth gael ein tywys yn gwrtais o gwmpas y dre'? Wel ydi, siŵr Dduw. Chafodd neb hyd i Utopia, hyd yn oed yng Nghymru. Mae'r tywysyddion yma'n debyg i ryw feirdd mawl ers talwm, a delfryd ydi'r darlun y buon nhw'n ei gyflwyno inni – y Wladwriaeth fechan fel mae hi i fod, yn cael ei llywodraethu yn driw i ddelfrydau'r rhai a'i sefydlodd. Ond rhyw stwna byw mae hi go iawn, yr un fath â rhyw ddemocratiaeth arall, a ffaeleddau sy'n gyffredin i ddynol-ryw – ac ambell un sy'n unigryw Gymreig – yn ei hudo o'i hunion ffordd o hyd.

Dydi'r tywysyddion, na'r llyfrau hanes, fawr o sôn mai'r prif faen tramgwydd ar ffordd annibyniaeth a sefydlu Gwer-iniaeth oedd y Cymry rheini a gwffiodd tan y diwedd un dros y Deyrnas Unedig. Mi fu rhai o deuluoedd amlyca' Machynlleth yn eu plith nhw. Pan ddaeth annibyniaeth o'r diwedd yn sgil y Refferendwm Mawr, a synnwyr cyffredin San Steffan, mi werthodd llawer ohonyn nhw eu tiroedd ar ôl mil o flynyddoedd a mwy, a'u heglu hi am Loegr. Ac yno

y buon nhw am weddill eu hoes, yn anghydweld yn chwyrn
â phob diawl o bob dim a wnâi'r Weriniaeth.

Mae ffasiwn beth â Theyrngarwr hyd heddiw, hyd yn oed
ym Machynlleth. Mae rhai'n hiraethu o hyd am y Deyrnas
Unedig, ac yn gwrthwynebu'r symud sydd at niwtraliaeth a
Cheltigrwydd, ac yn dadlau mai tynged naturiol y genedl
hon ydi cerdded ochor yn ochor â'r Saeson. Dyna chi
dursiau fu, pan aeth y Ffiwsilwyr Brenhinol Cymreig â'u
gafr ola' i ebargofiant. Ac mae rhai'n dal i yrru eu meibion
a'u merched i Rydychen, a Chaergrawnt, a Bryste a Lerpwl,
yn lle i Aberystwyth a Chaerdydd a Bangor. Mae rhai yn
tanysgrifio i'r *Independant* yn lle *Cymru*, rhai oherwydd eu
bod yn credu bod papur Llundeinig yn fwy awdurdodol, a
rhai oherwydd eu bod yn teimlo'n fwy soffistigedig. Ac
ymhlith rhai o'r ieuenctid presog, y mympwy newydd ydi
bod yn frenhinwr, a siarad Saesneg ar goedd. Maen nhw i'w
clywed yn aml yn tynnu'r ffilmiau newydd yn gyrbibion yn
y bar yn Lle Ffranco. Ac yng Nghaerdydd mae disgos a
thafarndai lle nad oes prin yr un gair o Gymraeg.

Ond gan amla', nid am ryw hen drefn frenhinllyd y mae'r
rhain yn hiraethu, ond yn hytrach am yr union fath o
gymdeithas mae'r Weriniaeth wedi ymwrthod â hi. Trethi
trwm ar y cefnog, cyfyngu datblygu masnachol a thwrist-
iaeth dorfol, wfftio cymaint at gyfoeth mawr nes bod hynny
hefyd bron yn ddeddf. Oherwydd y polisïau hyn i gyd, nid
lle hawdd i fyw mo hwn i rai cefnog iawn, neu rai crafangus
iawn, neu rai sy'n hoff o ddangos eu gorchest. Mi fu llawer
o faw yn y ffynnon hefyd. Dyna chi sgandal mawr Llanym-
ddyfri, lle bu swyddogion gwladwriaethol yn goruchwylio
labordy ailgylchu i fod, ond mewn gwirionedd yn rhedeg
puteindy a ffarm reu. A dyna chi'r Gweinidog Cyllid yn dod
yn berchen banc amheus yn Ynysoedd Cayman. Mi ddargan-

fuwyd fod rhes o gwmnïau wedi cynllwynio efo swyddogion cynllunio dihirllyd. Mi fu achlust hefyd fod golygydd *Cymru* ei hun ar ei elw o gael gwybod gan y Frân Wen am ddatblygu'r harbwr yn Aberdyfi. Ymddeol wnaeth o toc wedyn, prun bynnag, a mynd i fyw ar Rifiera'r Ukrain. Mi welwyd mwy nag un rheolwr banc adnabyddus ar ryw adeg neu'i gilydd mewn oferôls denim yn hel sbwriel ym mharc palas yr Arlywydd.

Wrth reswm nad ydi Cymru'n gweithio'n iawn. Pa ddemocratiaeth sydd? Mae ffraeo o hyd rhwng Gogledd a De. Mae rhai o blaid canoli yn ffraeo â rhai o blaid datganoli. Mae rhai'n gweiddi am breifateiddio Banc Cymru, y gwasanaethau cludiant, y brifysgol a hyd yn oed Plant Glyndŵr. Mae gweiddi o hyd am ddod â'r undebau llafur yn eu holau. Ac yn adran dwristiaeth y Llywodraeth mae rhai'n rhyw deimlo nad ydi'r dyheadau cenedlaethol yn cael eu hanrhydeddu'n llwyr. Gan eu bod nhw'n anelu at bobol dramor soffistigedig, mae rhai yn yr adran yn dadlau o hyd dros gael mwy o foethustra, a gwestai crandiach, a llacio peth ar y delfrydau. Anghofio maen nhw mai drwy feithrin symlrwydd Cymru y gwnaed hi yn un o farchnadoedd twristiaeth mwya' llewyrchus y byd.

Ond dyna fo: dydi'r cymeriad Cymreig heb newid, mwy na'r tywydd – er gwaetha' honiadau gwallgo i'r gwrthwyneb gan bropagandwyr. Ac mae'r duedd hwyliog, yng nghymeriad yr hwntw yn enwedig, yn mynd benben ag Egwyddor Symlrwydd. Go brin fod yr un ddogfen gyhoeddus wedi ei gwatwar a'i dychanu cymaint â'r Datganiad Egwyddorion, a does neb yn y Weriniaeth yn gwbl ddiogel oddi wrth glecs *Y Lol*. Mae mynd mawr ymhlith casglwyr ar rifynnau arbennig y Cyfarfod. Yn ffodus, mae'r angen am synnwyr digrifwch yn rhan o'r Cyfansoddiad. Ac ers tro byd bellach, mae rhywbeth hunan-watwarus yn arddull y gwleidyddion Cymreig, rhyw ddyfais rethregol debyg i draddodiadau theatr Kabuki yn Japan, neu i'r tinc addolgar hwnnw yn lleisiau cyflwynwyr teledu Saesneg bob tro y byddan nhw'n sôn am y teulu brenhinol. Ar lawer ystyr, mae'r Senedd wedi etifeddu traddodiadau'r capeli. Dyna chi'r arddull theatrig mae'r werin yn gwirioni arni, a'r oslef yn lleisiau'r gwleidyddion, sy'n dwyn i go'r hen bregethwyr ers talwm.

Rhaid bod yn fodlon bod yn bric gwawd, os ydych am gael hwyl arni fel gwleidydd – a da iawn hynny, oherwydd y gwir ydi, er bod llawer i'w edmygu yn y Weriniaeth, mae llawer hefyd i chwerthin am ei ben.

Mae Machynlleth yn llawn hiwmor heddiw, ar ddiwrnod y dathlu mawr. Dyna chi ferw sychlyd y Cyfarfod, ac ymateb cellweirus y bobl. Mae Cymru'n llawn beirdd o hyd, ac mae faint fyd fynnir o ddychanwyr, ac mae'r to ifanc yn rhai garw iawn am daro pin mewn swigen. Mae rhai'n hwrjio rhyw daflenni dychanol ar bobol yn y tafarnau. A does dim golwg o'r Maes Golff o dan bebyll a stondinau Yr Ŵyl Arall, eisteddfod y rafins. Mae cartŵns deifiol o holl hoelion wyth y wlad yn stomp hyd yr hysbysfyrddau a'r waliau ar Heol Maengwyn.

Mae'r achlysur i gyd yn troi o gwmpas y Maes Mawr. Mi gludwyd pafiliwn coch anferth y Cyfarfod ar gwch i fyny'r afon, a'i godi, fel rhyw babell syrcas, ar ganol un y Maes. Mae hwn yn un o wrthrychau enwoca' Cymru – mae o ar y stamp 1W20. Ac yn wrych uwch ei phen mae'r holl ddisgiau a'r erials sy'n ei gadw mewn cysylltiad â swyddfeydd y Llywodraeth, a sefydliadau'r Cynghrair ar y cyfandir. Mae'r parc ceir tanddaearol yn ymestyn o dan y Maes hefyd, fel bod y cae ei hun heb yr un car, ac ar bob tu mae pebyll

llachar a phafiliynau yn rhesi, a'u baneri a'u harwyddion,
a'u stondinau a'u banciau a'u caffis. Gweini ar y Cyfarfod
mae eu hanner nhw, a gweini ar yr Eisteddfod mae'r hanner
arall, ond mae mynd a dod rhyngddyn nhw, wrth reswm.
Mae pawb yn nabod pawb arall yn y genedl fechan hon.
Mae llenorion yn aml yn ddirprwyon hefyd, ac mae gwleid-
yddiaeth a'r celfyddydau wedi eu gweu mor glos yn ei gilydd,
nes nad oes dim byd yn rhyfedd yn y berthynas. Mae'r
Arlywydd hefyd yn Archdderwydd.

Ein Llyw, yn rhinwedd ei swydd ddeublyg, sy'n agor y
Cyfarfod a'r Eisteddfod fel ei gilydd. Ac ar gyfer hon, awr
fawr pob degawd ym Machynlleth, yr ydym ninnau'n hel
ein traed am y Maes, ac yn codi mewn lifft o'r parc ceir i'r
llannerch fawr o flaen y pafiliwn. Ac mae'r lle yn un
gadgadlan, twrw a cherddoriaeth a bloeddio, cyfeillion yn
cyfarch ei gilydd, beirdd yn ymgynnull yn eu gynau, heidiau
o delynorion, rhesi o drwmpedwyr, plant efo blodau, ael-
odau'r Gynhadledd, a bathodynnau aur eu swydd yn sgleinio,
gormod o sbwriel yn barod, rhyw lwtrach mawr dan draed,
oherwydd iddi fwrw drwy'r nos, a rhyw oglau cwrw an-
ffodus. Ar yr afon mae cychod pysgota Dyfi i gyd wedi eu
trimio'n goch a gwyn a gwyrdd. Mae hofrennydd yn hofran
uwchben, a horwth o ddraig goch yn don o dani. A dyna
wawch utgyrn, a churo drymiau, a chynta' y clywir clec y
gwn ar Yr Wylfa am hanner dydd, dyma Arlywydd y
Weriniaeth yn ei ynau derwyddol o'r Pafiliwn, ac yn dringo'r
llwyfan uchel y tu allan. Mae pob man yn mynd yn llonydd,
ac wedi ennyd o ddistawrwydd, mae'r seremoni'n dechrau.
Mae'r telynau'n canu'n dawel. Mae'r plant yn dawnsio
Dawns y Blodau. Mae'r goleuadau teledu yn tywynnu ar eu
sgaffaldiau. A syllu tua'r Maes Mawr mae pawb ym Machyn-
lleth, ac yng Nghymru, ac yn hanner Ewrop hefyd, oher-

wydd mae gwylio mawr yn Ewrop ar agoriad y Cyfarfod, bron iawn cymaint ag ar Noson Ola'r Proms.

Awr yn llawn atseiniau ydi hi. Yr Eisteddfod Genedlaethol sy'n dod i feddwl yr hen bobol. Ei defodau hi ydi'r rhain, ac mae llawer o'i hysbryd hi yn y Senedd. Ond i feddwl y to ifanc, nad ydyn nhw'n cofio Cymru'n gaeth, coroni Glyndŵr yn Dywysog Cymru sy'n dod, yn enwedig pan fydd y Cyfarfod yma ym Machynlleth bob deng mlynedd, ac yn benna' oll pan fydd rhyw ddathlu mawr mawr. Ac yn lle cytiau a phebyll cynfas 1404 mae'r pebyll neilon symudliw a'r trelars. Yn lle caneuon y bymthegfed ganrif mae'r baledi hanner gwerin hanner clasurol mae'r Cymry ifanc yn giamstars arnyn nhw. Yn lle'r stondinwyr fu'n gwerthu cig carw o amgylch y Maen Llwyd, mae'r gwerthwyr cŵn poeth a chramwythau Llydewig. Yn lle'r clerwyr mae'r bysgwyr dychanol. Ac mae sŵn telynau o hyd, a datgan barddoniaeth.

Mae dirprwyon y genedl i gyd wedi ymgynnull fel ers talwm, a llysgenhadon o'r gwledydd tramor, a phan ddaw'r Arlywydd i'r golwg uwch eu pennau ar ergyd y gwn, a Chledd Heddwch ganddo wedi ei hanner estyn o'r wain, Glyndŵr ydi o yn nychymyg y bobol. Hen her yr Eisteddfod sy gan Ein Llyw yn gynta': 'A oes heddwch?' a 'Heddwch!' mae'r dyrfa'n bloeddio'n ôl, a dyna weinio'r cleddyf eto'n ddwys. Ond hŷn byth ydi'r holi nesa', a'r tro 'ma mae ei ddwy law noeth uwch ei ben. 'A oes Undod?' Ac fel y daw'r ateb – 'Undod! Undod!' – fel y daw dwy law'r Arlywydd yn gwlwm uwch ei ben, a'r drymiau'n curo a'r cyrn yn gwawchio, dyna gofio Glyndŵr, mor bell yn ôl, ond yma gerllaw, yn gosod ei goron ei hun ar ei ben, a'r un drymiau'n curo, yr un cyrn yn gwawchio, a'r un floedd nerthol gan y bobol.

Mae'r ŵyl yn para am wythnos, ac wedyn mae'r Eisteddfod yn chwalu, a'r Gynhadledd yn rhoi ei thrwyn ar y maen eto. Ond yn ystod yr wythnos honno, go brin bod yr un brifddinas mor rhyfeddol yr olwg arni â Machynlleth. Mae'r Maes ei hun yn ddigon o ryfeddod, a'r horwth pafiliwn coch hwnnw'n olau i gyd bob nos. Ond yn fwy trawiadol byth, draw ar y bryniau o amgylch y dre', dyna lwyth o bafiliynau llai yn codi – ar Yr Wylfa a Gallt y Gog, y tu draw i'r afon, ar y tir uchel uwchben y ffordd i'r dwyrain â phont Dyfi. Mae rhai ar gyfer cyngherddau miwsig siambr, rhai ar gyfer perfformiadau roc, rhai ar gyfer talyrnau, ac yn y pafiliwn ar Yr Wylfa, yr ucha' un, mae Henadur y Gynhadledd yn difyrru ei westeion yn ystod wythnos yr Eisteddfod. Mae llifoleuadau arnyn nhw y nos, a phan welwch y rheini ynghyd â gwawl fawr y Maes, mi daerech mai tre' dan warchae ydi Machynlleth, a'i gwarcheidwaid yn gylch amdani – a mwy felly, a dweud y gwir, pan fydd hi'n biglaw, a dim ond rhyw gip i'w gael ar y pafiliynau pell drwy'r niwl, ac i lawr ar y Maes, rhaid i Feirdd y Ddwy Urdd, a'r Dirprwyon Anrhydeddus, a'r telynorion, a'r newyddiadurwyr, a'r diplomyddion i gyd gerdded drwy'r baw mewn sibŵts.

Sbleddach o beth gwych ydi o, a phawb yn cael coblyn o hwyl, ac mae o fel petai'n profi bod rhyw ddedwyddwch mawr cenedlaethol yn bod. Am faint y pery'r dedwyddwch, gofynnwn i ni'n hunain ar y ffordd yn ôl i'r gwesty? Wrth lamu dros Lundain a pheidio â chydnabod yr un awurdod uwch heblaw Ewrop, byddai modd dianc o'r diwedd o afael ddiwylliannol, economaidd a gwleidyddol y deyrnas drws nesa'. Ond bellach yn lle'r poendod oesol roedden nhw'n ei ddeall yn iawn, dyma nhw yn llygad berw'r

gymuned Ewropeaidd – aelodau mawr benben â rhai bych-
ain, y naill genedl leiafrifol yn eiddigeddus o'r llall, a
rhyw hen gynhennau'n dod i'r fei eto, weithiau ar ryw
newydd wedd, dro arall wedi hanner eu cuddio o dan ryw
deimladau cyfoes. Waeth inni heb â honni, er enghraifft,
fod gan y Cymry fwy yn gyffredin â'r Groegwyr, dyweder,
nag â'r Saeson, a chymaint o'r Cymry â gwaed Seisnig yn eu
gwythiennau, neu deulu dros y Clawdd.

Ond dal i fynd mae hi, a hwyrach yn wir fod y wlad
fechan hon ar y blaen yn yr unfed ganrif ar hugain, oherw-
ydd ei phrofiad hanesyddol. Draw ar y Maes Mawr, yn
grair parhaol, mae copi o'r Datganiad Egwyddorion, a bydd
pob un plentyn ysgol a phob ymwelydd tramor yn cael ei
dywys ato. Wrth ei ochor mae'r Adroddiad Hanes, y sylfeini
hanesyddol mae'r Weriniaeth yn sefyll arnyn nhw. Nid
dogfen hanesyddol mo hon yn union, ond datganiad athron-
yddol. Mewn Cymraeg clasurol – a Saesneg coeth, a sgrifen-
nwyd, yn ôl yr hanes, gan Roy Jenkins ar ôl ei ddychweliad
i Gymru – mae o'n rhestru'r digwyddiadau sydd, yn ôl y
farn swyddogol, wedi gwneud y genedl fel y mae hi heddiw.

I Gymru, meddai'r Adroddiad, ei hun bach ymhlith y
cenhedloedd, yr ymddiriedwyd gwareiddiad Rhufain: dim
ond yn y gornel fechan hon o Ewrop y cafodd hwnnw fynd
rhagddo, heb ei ddifwyno gan y barbariaid paganaidd. Ni
orchfygwyd Cymru erioed gan na Sacsoniaid na Jiwtiaid
nac Eingl. Ni ddiffoddwyd cannwyll Cristnogaeth yma un
amser. A dyna, yn ôl yr Adroddiad, sy'n peri i'r cymeriad
Cymreig fod fel y mae. Er i'r Cymry fod am ganrifoedd, yr
un fath â llawer cenedl fechan arall yn Ewrop, o dan iau
Gwladwriaeth estron, ni orchfygwyd mohonynt, a'r etifedd-
iaeth glasurol yn gaer iddynt. Er bod un o Bwerau mwya'r
byd yn gwasgu ar ei gwynt, aros yn hi ei hun wnaeth

Cymru, rywfodd, a hynny heb amddiffynfa ffin. Cadw ei hiaith yn nannedd yr iaith fwya' yn y byd. A'i stwna hi mor ddygn drwy bob storom nes ei bod hi'n barod i gipio'i hannibyniaeth cynta' y cynigiwyd hi.

Dydi'r dehongliad hwn ddim yn rhamant i gyd, chwaith. Hwyrach yn wir mai ar gownt rhyw hyder gwerin o'r gorffennol pell, a phrofiad maith yn ymladd yn ôl, yr oedd Cymru'n medru gafael yn yr awenau pan ddaeth yr awr. Mae'r Cymry'n deall yn well na neb sut i ddod i ben fel cenedl leiafrifol. Maen nhw'n giamstars ar guro twmpathau, ar yr holl ddichellion ac ystrywiau sydd eu hangen i gynnal iaith a diwylliant, ar yr ystumiau gwladgarol sy'n cadw'r ymwybyddiaeth gymunedol i fynd. Mae Gweriniaeth Cymru i'w gweld yn sicr yn ei charn. Mae hi'n uchel iawn gan ei chyd-wledydd yng Nghynghrair y Gwledydd Niwtral, a'i chyngor yn bwysig. Mae pawb wedi gwirioni ar ei diplomyddiaeth oherwydd ei bod mor gyfareddol, ac eto mor gyfrwys. Fu'r un gwleidydd o Gymro eto yn Arlywydd Ewrop yn Potsdam, ond mae Ewrop i gyd yn edrych ymlaen am hynny, oherwydd mi wyddan nhw y bydd ei dymor o'n llawn hwyl a chymeriad.

Does dim rhyfedd felly fod Machynlleth, er mor simsan cyllid y wlad, er mor warthus y sgandal diweddara' ynghylch Is-Ganghellor y Brifysgol a chyfran-ddaliadau Cyfrifiadur Cymru plc, er mor faleisus-ddifyr datguddiadau diweddara' *Y Lol* am yr Arlywydd yn hulpio am ryw farmed yn y Clwb Diplomyddol, er mor ymgecrus y Wladwriaeth fechan, does dim rhyfedd fod Machynlleth ar gefn ei cheffyl gwyn.

Os oes rhywbeth sy'n pethyn i'r Cymry yn anad dim, hwyrach mai synnwyr lle ydi hwnnw, ac amser ynghlwm â fo. A'r berthynas rhwng cenedl a'i lleoliad, a'r iaith sy'n eu clymu'n un, a'r synnwyr digrifwch sy'n cadw'r galon i fyny, a'r holl ffaeleddau dynol sy'n halen am ben y cwbl – dyna sy'n gwneud Machynlleth fel y mae hi. Docyn o amser yn ôl, ar anterth yr Eisteddfod, mi gafodd rhyw lafnau ifanc digywilydd afael ar frwsh lasar, a gwneud llun wyneb doniol ar y Maen Llwyd – conglfaen y Brifddinas, a'r Weriniaeth. Ar rai adegau o'r dydd, pan fydd y golau'n iawn, mae o i'w weld yn amlwg iawn. Ac am flynyddoedd bu holi dig yn ei gylch yn y Cyfarfod ('sarhad o'r mwya' ar ein hetifeddiaeth a'n traddodiadau', 'tuedd warthus y to ifanc at lobiaeth'). Ddaeth neb i ben â'i ddileu, ac os edrychwn bore fory eto drwy ffenest ein gwesty, a'r haul cynnar ar y garreg, mi welwn yr hen faen yn syllu ar ei brifddinas a'i genedl â rhyw wên gam ar ei wep.

Mae'r weithred hwyliog amharchus yn rhan o'r etifeddiaeth Gymreig erbyn hyn. Mi fydd refferendwm cyn hir, Penderfyniad yr Wyneb, i benderfynu a ddylid ychwanegu'r wên watwarus at y darlun o'r Maen Llwyd ar arwydd swyddogol Dinas Machynlleth.

# Diweddglo

Lluniau yn y meddwl fu'r rhain i gyd—y Presennol, hwyrach, lawn cymaint â'r Gorffennol a'r Dyfodol. Lle digon di-nod ydi Machynlleth yng ngolwg llawer sy'n teithio drwyddi heddiw ym 1992. Tre' farchnad fechan arall ydi hi, y ceir rhyw gip bach arni ar y ffordd i lan y môr, neu lle i stopio am banad a chinio digon di-sut. Mae'r Saeson yn gweld yr holl ffwlbri Cymraeg arferol, yr iaith felltith yn uchel fel cloch y munud yr ân nhw i siop, arwyddion ffyrdd wedi eu gwneud i'w drysu, rhyw graffiti nad ydyn' nhw'n deall un dim arnyn nhw, ond sy'n siŵr o fod yn sôn am ryw hawliau gwleidyddol chwerthinllyd. Ychydig iawn iawn sy wedi clywed am Owain Glyndŵr erioed, heblaw, hwyrach, wedi ei sillafu'n iawn yn nrama Shakespeare. Ac ymhlith y rheini sy'n trafferthu ymweld â'r amgueddfa yn y Senedd-dy, mae rhai'n siŵr o gwyno bod yr hen gynnen 'ma wedi para'n rhy hir. 'Live and let live! Forgive, forget!' Llai byth a fedrai feddwl am y lle, hyd yn oed yn y dychymyg, yn brifddinas gweriniaeth sofranaidd fodern.

Ond, fel y gwyddom ni, mae Machynlleth yn llawn o ysbrydion. Tre' fach ddyrys ydi hi, fel Cymru ei hun, a'i hanes a'i breuddwydion yn we amdani. A oedd hi fel yna yn nyddiau Owain? A ddaw i'w rhan y dyfodol mawr annhebygol hwnnw? Ydi hi felly heddiw go iawn? Waeth ichi prun, ynghlwm wrthi hi yn fan hyn, 52.35 i'r Gogledd a 3.51 i'r Gorllewin, mae rhyw ystyron na fedr yr un dyn diarth amgyffred eu hyd a'u lled. Oherwydd yn fan hyn, yr un fath ag ym mhob man, ond yn enwedig yng Nghymru, mae'r gorffennol a'r presennol a'r dyfodol yn un Triawd, yn dair gwaedd yn dragwyddol.